Florence Nightingale

J. Friz

Florence Nightingale

Heldin des Dienstes

Voltmedia

ISBN 3-938478-26-8

© Voltmedia GmbH, Paderborn

Einbandgestaltung: Oliver Wirth, Paderborn
Satz: Andreas Paqué, Gleichen
Gesamtherstellung: Oldenbourg Taschenbuch GmbH, Kirchheim

Inhaltsverzeichnis.

Inhaltsverzeichnis

Meinen Kindern Lene und Hans

Goldene Jugendtage.

Am 12. Mai des Jahres 1820 wurde in einem
Landhaus bei Florenz einem jungen englischen Ehepaar, das sich unter italienischer
Sonne seines Lebens freute, sein zweites Töch-
terlein geschenkt. Das Kind bekam seinen
Namen von der Stadt der Blumen, in der es
geboren war, wie das ältere Schwesterlein, das
ein Jahr zuvor in Neapel das Licht der Welt
erblickt hatte, nach dem alten Namen dieser
Stadt Parthenope getauft worden war. Es ist,
als hätte der englische Edelmann in diesen
Namen seiner Kinder die südliche Schönheit
Italiens als lebendige Reiseerinnerung nach
der nordischen Heimat mitnehmen wollen.
Auch der Name Nightingale, der mit der Blu-
menstadt so schön zusammenstimmt, verstand sich für das kleine Mädchen nicht von
selbst. Denn ihr Vater hieß eigentlich Shore
und hatte sich den Namen Nightingale erst
fünf Jahre vor der Geburt der kleinen Flo-

rence beigelegt, zugleich mit der Übernahme des Landsitzes, der ihm schon in seiner Knabenzeit zugefallen war als Erbe von einem alten Oheim seiner Mutter, mit Namen Peter Nigthingale von Lea.

Der Vater stammte aus einer alten Familie der Grafschaft Derbyshire in Mittelengland, die in ihrer Ahnenreihe u. a. einen Generalgouverneur von Indien und einen bedeutenden Arzt in Derby im 17. Jahrhundert zählte. – Der genannte Peter Nightingale, der Urgroßonkel der kleinen Florence, war ein Landedelmann von der derben, rauhen Art der „guten alten Zeit", die zurückzuwünschen man in England so wenig Grund hat wie bei uns. Der „alte Peter" war stark im Trinken und Fluchen, und die Streiche, die er in der Trunkenheit sich leistete, trugen ihm den Zunamen „der verrückte Nightingale" ein. Die Landleute der Gegend erzählten sich noch lange von seinen Einfällen. Wenn er seine lustige Stunde hatte, brach er etwa in die Küche ein, faßte die Töpfe und Pfannen und schleuderte den Pudding in die Asche, so daß die Mädchen entsetzt davonliefen. Diese originelle Art hinderte indessen nicht, daß der

Gutsherr eine volkstümliche Gestalt war und gut mit seinen Leuten auskam; er war auch kaum schlechter als seine Nachbarn, und man sagt, der Landedelmann jener Tage habe meist recht gut zu dem Pfarrer an seiner Kirche gepaßt. Das Haus dieses Oheims sollte die erste Heimat des Mädchens auf englischem Boden werden. Das Dorf Lea zieht sich vom Tale des Flüßchens Derwent an den Windungen einer Bergstraße auf den Hügel empor, von dessen Höhe der alte Herrensitz Lea Hall in die Lande hinausschaut.

Es ist bemerkenswert, daß in beiden Familien, der väterlichen wie der mütterlichen, fast ausnahmslos hohes und sehr hohes Alter zu finden ist. Wir mögen daraus die Erwartung entnehmen, daß auch unsrer Florence ein außerordentliches Maß von Lebenskraft mitgegeben war.

Der neue Eigentümer von Lea Hall war von ganz anderer Art als sein Vorgänger, dessen Namen er sich beilegte: Er war der richtige Edelmann in Erscheinung und Charakter. Zwar ist ein englischer Gutsherr ohne Sport und Jagd nicht zu denken, aber Shore verfügte über eine umfassende Bildung, an deren

Erweiterung er unablässig arbeitete. Durch keine Berufspflicht gebunden, fand er in feinem geistigen Genießen ein überreiches Feld der Tätigkeit. Insbesondere wußte er seine Reisen und ausgedehnten Aufenthalt im Ausland trefflich zu nützen. Er sprach italienisch wie ein Italiener, er war in lateinischer und griechischer Literatur, in Verfassungsgeschichte und Mathematik bewandert. Der Kunst gehörte seine besondere Liebe. Aber auch die Anlage zu philosophischer Besinnung über die letzten Fragen des Lebens ist bei Florences Vater unverkennbar. In Kirche und Staat stand er auf der freisinnigen Seite – mit den gebräuchlichen Schlagworten: Er gehörte kirchlich zu den Unitariern, die das Dogma von der Dreieinigkeit ablehnen, politisch zu den Whigs (den Fortschrittlichen im Gegensatz zu den konservativen Tories).

Als Gutsherr fühlte er sich für das Wohlergehen seiner Bauern verantwortlich. Insbesondere hat er manches für die Hebung der Bildung getan.

Er war es im wesentlichen, der für den Bestand der sogenannten „billigen Schule" sorgte, in der die Kinder, die keine besseren Schulen besuchen konnten, um wöchentlich zwanzig Pfennige wenigstens Lesen, Schreiben und Rechnen lernten. Auch kirchliche Unternehmungen und Werke christlicher Liebe konnten auf die Förderung durch den Gutsherrn zählen.

Die Mutter war die Tochter von William Smith, der ein halbes Jahrhundert lang als Abgeordneter im Parlament gesessen hatte, als persönlicher Freund des berühmten Wilberforce ein eifriger Vorkämpfer der Sklavenbefreiung und Förderer mancher humanitären Bestrebungen war und in den Fragen der Zeit ein freies und weites Urteil hatte.

Die Tochter hatte seine freundliche wohltätige Art geerbt. Sie war eine Gutsfrau von der trefflichen alten Art, ebenso geschätzt in der Gesellschaft wie in den Hütten der Gutsleute.

Die Mutter gewöhnte ihre Kinder früh durch Wort und Beispiel daran, über die engen Schranken der Gesellschaft hinweg Beziehungen von Mensch zu Mensch zu pflegen; der Vater sorgte dafür, daß seine Töchter mehr lernten als weibliche Handarbeiten und die eleganten Fertigkeiten des Salons; er gab ihnen eine Bildung, die weit hinausging über das, was damals für Töchter eines feinen Hauses als passend galt.

Doch ehe wir aus den Kindertagen der kleinen Florence noch ein paar Züge erzählen, muß eines Umzugs der Familie gedacht werden. Diesmal ging's allerdings nur eine Viertelstunde weit – von Lea Hall nach Lea Hurst. Was Florence selbst von Kindheits- und Jugenderinnerungen bewahrte, knüpft sich an dieses zweite Heim. Der Vater, nicht befriedigt von dem wenig behaglichen Hause, das ihm zugefallen war, hatte sich an dem Orte eigener Wahl einen neuen Sitz erbaut. Lea Hurst schaut von freier, breiter Höhe in stolzer Behäbigkeit ins Land hinaus; das Auge gleitet über blumige Wiesenhänge, die bald in steilem Hang zum Flusse Derwent abfallen. Sein unablässiges Rauschen gehört als dauernder Hintergrund zum Leben in Lea Hurst.

Es war gewiß ein beneidenswerter Herrensitz, den Vater Nightingale sich geschaffen hatte. Aber es ist bezeichnend für die Ansprüche, die der weitgereiste, sehr begüterte Edelmann in Beziehung auf Wohnung stellte, daß er auch jetzt noch von der Sorge geplagt war: „Wo gibt's denn eine Gegend, in der man 12 Monate aneinander wohnen kann?" Aus solchen Erwägungen ergab es sich, daß er, als Florence fünf Jahre alt war, in milderer Gegend ein altes Landhaus erwarb, das er dann zu einem reichen Landsitz im Stil der Zeit der Königin Elisabeth ausgestaltete.

Es hieß Embley Park und lag in Hampshire, einer Grafschaft unweit des Kanals am Südende Englands, von Lea Hurst mehr als 40 Wegstunden entfernt. Im Vergleich mit den windigen Hügeln von Derbyshire wird die üppige Schönheit von Embley in manchen Briefen der Familie begeistert geschildert: ein prächtiger Park, naher Hochwald, insbesondere aber eine berückende Wildnis von Rhododendronsträuchern und blühendem Lorbeer war in Florences Erinnerung zeitlebens mit dem Namen Embley verknüpft. Die Familie pflegte nun den Sommer in Lea Hurst zuzubringen und im Herbst nach Embley überzusiedeln. Dazwischen schob sich später, als die Töchter heranwuchsen, noch ein Aufenthalt in London ein zur Teilnahme am Leben der großen Gesellschaft. Die Reisen hin und her gehörten zu den schönsten und reizvollsten Erlebnissen der beiden Kinder. Eine belebte Poststraße führte in allernächster Nähe am Park von Lea Hurst vorüber, und von Kindheit auf waren den Mädchen die bunten Bilder des Reiselebens vertraut. Zuweilen benützte die Familie Nightingale den Stellwagen; meist aber schickte man nur die Dienerschaft mit dem Reisegepäck voraus und fuhr im eigenen Wagen mit eigenen Pferden durch die schöne Welt; dann ließ man sich Zeit, stellte unterwegs da und dort in ländlichen Gasthöfen ein und genoß in ruhigem Behagen die farbenprangenden, sonndurchleuchteten Oktobertage oder den jungen Frühling mit dem frischen Grün der Matten und Hügel. Für Florence war von größter Bedeutung die vertraute Berührung mit dem Landvolk, mit seiner Art zu reden und sich zu geben. Wenn man später die Gabe an ihr rühmte, mit jedermann, auch mit den Geringsten und Ungebildetsten, menschlich zu verkehren – hier an den ländlichen Schauplätzen ihrer Kindheitsjahre und zumal auf den fröhlichen Fahrten durch einen ansehnlichen Teil von England hat sie den Grund dazu gelegt.

Das Landleben begünstigte auch die Vertrautheit mit der Tierwelt, die für Florence Nightingale so bezeichnend geworden und geblieben ist.

Doch schon von früher Kindheit an fehlte es nicht an ernsthaften Aufgaben für die Tochter des Schloßherrn. Die Mutter hielt darauf, daß die Landleute im Umkreis wußten, im Schloß sei Hilfe für allerlei Leibesnot zu finden: Sie hatte für die Kranken und Armen stets etwas von ihrem Tisch übrig, und eine Hausapotheke fehlte auch nicht. Florence durfte die guten Sachen in die Häuser und Hütten hinuntertragen, und wenn die Mutter wegen Ansteckungsgefahr besorgt war, da das Kind selbst weder Masern noch Keuchhusten durchgemacht hatte, so erschien die Reiterin auf ihrem Pony an der Tür oder am Fenster und reichte ein Gläschen Eingemachtes oder ein Schüsselchen mit Pudding hinein, das sie in einem Körbchen am Sattel getragen hatte: Ein wenig Romantik bei der Ausübung dieser willkommenen Pflichten war ohnehin ganz nach dem Sinn des kleinen Fräuleins. Ihrem eigenen Herzen und persönlichen Geschmack folgte

Florence, wenn sie aus ihrem Gärtchen, das mit Eifer und Geschick gepflegt wurde, oder auch von Wiese, Busch und Hecke einen Blumenstrauß ins Krankenstübchen brachte.

Mag man solche Tätigkeit des heranwachsenden Mädchens zu den Liebhabereien zählen, in denen wohl des Menschen besondere Art sich am sichersten zeigt, die aber doch für die Bildung des Charakters wenig bedeuten – für richtige Arbeit sorgte der Vater mit seinen hohen Bildungsansprüchen. Mag sein, daß das Fehlen von Söhnen im Hause Nightingale mit dazu beitrug, daß die Mädchen vieles lernen mußten, was man in der Regel nur den Knaben zumutet. Für die beiden Töchter war eine Hauslehrerin bestellt, die jedoch unter der strengen Überwachung des Vaters stand. In den Künsten, die dem jungen Mädchen von Stand in besonderer Weise zukommen, wie Musik und Zeichnen, war Schwester Parthe entschieden überlegen; in den Wissenschaften war Florence – Flo wird sie abkürzend genannt – die erste. Namentlich für Sprachen zeigte sie große Begabung.

Der Vater hielt darauf, daß Zeit und Plan pünktlich eingehalten wurden, und wenn auch die Sommermonate in Lea Hurst dem Leben im Freien etwas mehr Raum ließen, in Embley wurde den Winter hindurch sehr angestrengt in der Schule gearbeitet. Als Flo 16 Jahre alt war, konnte der Vater mit seinen Töchtern Homer lesen. Während die ältere Schwester sich mehr auf das Glück des Augenblicks zu verlassen pflegte, nahm es Flo mit der Vorbereitung sehr ernst. Sie konnte um vier Uhr morgens aufstehen und über den Büchern sitzen. Plato und Cicero waren ihr nicht zu schwer.

Die Mutter war Hausfrau genug, um neben der Lernarbeit den Mädchen schon frühe die Anfangsgründe der Künste mit der Nadel beizubringen. Und weiter war's die Ehre der Mutter, dafür zu sorgen, daß ihren beiden Töchtern nichts fehlte von Gewandtheit, weiblicher Grazie und feiner Sitte.

Eine prächtige Ergänzung der gediegenen Bildung brachte ein vollständiges Reisejahr, an das sich ein Winteraufenthalt in der französischen Hauptstadt anschloß. Die ganze Familie brach im Herst 1837 auf und durchfuhr in der Reisekutsche mit gemächlichem Behagen Frankreich und Italien. Längeren

Aufenthalt nahm man in Nizza, Genua, in Florences Geburtsstadt und in Genf.

Florences sorgfältig geführte Tagebücher geben Einblick in die Vielseitigkeit und Gründlichkeit ihrer Interessen. Die Frage der italienischen Freiheit und die politische Entwicklung des späteren Napoleon III. nehmen einen breiten Raum ein. Aber nicht weniger stark beschäftigt sie die italienische Oper, und noch nach der Heimkehr bezeichnet sie sich als „musiktoll". In dem Pariser Winter – 1838/39 – wurden die beiden jungen Engländerinnen in auffallender Bevorzugung gegenüber von gleichaltrigen Töchtern des Landes in das Heiligtum des exklusivsten literarischen Zirkels der französischen Hauptstadt eingeführt. Da hörte man die gefeiertsten Schriftsteller wie Chateaubriand aus ihren Werken vorlesen, da sammelte sich ein auserlesener Kreis von namhaften Männern der Literatur, der Wissenschaft und der Politik sowie von feinen Damen und Herren der hocharistokratischen Gesellschaft. Die Vermittlerin war eine Dame halb irischer halb schottischer Abstammung, die aber ganz in Frankreich erzogen war, Marie Clarke, die spätere Frau des Orientalisten Julius Mohl, eines Mannes von deutscher, genauer schwäbischer Abkunft; noch drei weitere Söhne derselben Familie haben sich in der wissenschaftlichen Welt einen Namen gemacht.

Die beiden Töchter Englands waren von der Art, daß sie wirklich mit Nutzen zuhörten, wo kluge Männer redeten, und für Florence ist solche Weitung des Gesichtskreises und Gewöhnung an den Verkehr mit Männern verschiedenster Art und zum Teil hoher Stellung von entscheidender Bedeutung geworden. Sie hatte eine gewisse natürliche Schüchternheit zu überwinden. Aber sie schien wohl dazu geschaffen, in einem geistig hochstehenden Kreis eine Rolle zu spielen. War sie auch nicht eigentlich, was man schön nennen konnte, so war sie doch eine ebenso stattliche wie bewegliche Erscheinung, ebenso anregend wie fein und angenehm im Umgang. Sie konnte nicht nur auf den verschiedensten Gebieten mitreden, weil sie viel gelesen und manches gesehen hatte. Sie hatte oft auch etwas Eigenes zu sagen. Sie verfügte in hohem Maße über die Gabe des treffenden Wortes; sie hatte auch die in der Gesellschaft sehr wirksame Eigenschaft eines mehr scharfen als sonnig-warmen Humors. Sie war sich auch bewußt, daß sie zu kämpfen habe gegen die Versuchung, in der Gesellschaft glänzen zu wollen.

Die Kehrseite in Florences Naturanlage ist aber nicht zu übersehen: eine Neigung zu träumerischer Einsiedelei; sie ist viel mit sich selbst beschäftigt, blickt in das eigene Innere, mehr ernst als heiter, nicht ohne Anwandlungen von Schwermut. Dann ist es ihr das Liebste, wenn sie sich unbeobachtet wissen kann. Das heranwachsende Mädchen mag wohl in der Familie nicht immer ganz leicht zu behandeln gewesen sein, und von dem, was sie im Innersten beschäftigte, hatte niemand eine Ahnung. Wir sehen etwas in die seltene Mädchenseele hinein, wenn Florence in späteren Aufzeichnungen über ihr Leben schon um das 6. Lebensjahr von dem Bewußtsein einer Berufung redet, dann aber ganz genau angibt: am 7. Februar 1837 in Embley habe sie Gott zu seinem Dienst berufen. Wohin der Weg gehen sollte, wußte sie nicht. Sie nahm vorerst einmal einen entschiedenen Anlauf zur Arbeit an den Armen und tat diese Arbeit in dem starken Gefühl einer religiösen Verpflichtung.

Es war noch ein langer Weg zurückzulegen, bis der erschienene Stern stille stand über dem Hause, darin ihre sehnende Seele finden sollte, was sie suchte.

Im Kampf um das Werk.

Auch nach der Rückkehr von der langen Reise war das Leben in der Familie abwechslungsreich genug. Zunächst hielt man sich einige Wochen in London auf, und die beiden Töchter wurden nun auch bei Hofe vorgestellt. Und dann trat wieder die von früher gewohnte Jahreseinteilung in Kraft: die Sommermonate in Lea Hurst, ein Teil der Gesellschaftszeit in der Hauptstadt, der Rest des Jahres in Embley. Man sollte denken, für ein Mädchen von so vielseitigen Interessen und von der geistigen Beweglichkeit einer Florence Nightingale müßte solch ein Jahreslauf alle wünschenswerten Möglichkeiten geboten haben. An Gegengewichten gegen das Gesellschaftsleben, dessen glänzende Außenseite und dessen geistreiche Mannigfaltigkeit Florence nicht auszufüllen vermochten, fehlte es ja keineswegs. Schon die gewöhnliche Beschäftigung des Familienkreises war anregend genug. Es war dem Vater ein Bedürfnis, dem häuslichen Leben einem geistigen Inhalt zu geben, mit den Seinen teilzunehmen am Leben des Volkes und an den geistigen Schätzen der Menschheit. Während die Mutter am Vormittag mit dem Haushalt beschäftigt war, las der Vater seinen Töchtern die „Times" vor, nicht ohne ausgiebig Erläuterungen einzuflechten. Flo war dafür nichts weniger als restlos dankbar. Sie fand: während Parthe, die sich nebenher mit Zeichnen beschäftigte, einen Schutz gegen die im Vorlesen liegende Vergewaltigung habe, sei sie selbst wehrlos dieser elendesten Übung des menschlichen Intellekts ausgeliefert. „Ist das überhaupt eine Übung? Es ist, wie wenn man auf dem Rücken liegt mit gebundenen Händen und bekommt eine Flüssigkeit eingeschüttet. Ja schlimmer als das, denn da würde der sofort eintretende Erstickungstod der Prozedur ein Ende machen. Aber beim Vorlesen bringt kein Ersticken das Ende." – Wahrlich, eine sehr undankbare Tochter! Aber wir müssen verstehen, daß sie noch vielfach undeutlich, aber mit immer wachsender Klarheit empfand, daß ihre besten Kräfte brachliegen mußten trotz aller Beschäftigung.

Im Haushalt wurde Florence selten ernstlich gebraucht. Wenn sie einmal in der wichtigen Einmachzeit das Kommando zu führen hat, dann redet sie mit scherzhaftem Ernst von den 56 Marmeladetöpfen, auf die sie stolzer sei als die kunstgeübte Schwester auf die besten Werke ihres Stiftes. Aber gelegentlich kommt in einem Stoßseufzer ihre grundsätzlich zweifelnde Einstellung zu dem verwickelten Haushalt eines englischen Landhauses zu Tage. „Ich kann mir nicht helfen, ich muß in Gedanken fragen: Können vernünftige Leute das alles brauchen? Ist all dies Porzellan, Leinenzeug, Glasgeschirr notwendig dazu, um aus einem Menschen ein fortschrittliches Wesen zu machen? Noch mehr: Ist es eine gesunde Volkswirtschaft, Bedürfnisse zu erfinden, um Beschäftigung zu schaffen? Sollte nicht vielmehr in unseren Zeiten jede Aufgabe nutzbringend sein? Auf solche Frage bekommt man dann die Antwort von dem feinsten Versailler Service: ‚Mach doch, daß du deine Liste nachsiehst! Von uns hat eins einen Sprung.'"

Die gesellschaftlichen Feste, welche den gleichmäßigen Lauf der Wochen unterbra-

chen, brachten für Florence manche Gelegenheit, ihre besonderen Gaben zu betätigen.
Die freilich zweifelhafte Einrichtung der Wohl-
tätigkeitsbasare war damals ein neuer Weg,
um Geld für gute Zwecke zu sammeln. Dabei
war Miß Florence unersetzlich; sie war aber
eine von denen, welchen die gesellige Veran-
staltung erträglich wurde eben durch den Gedanken, daß für eine wichtigere Sache ein Gewinn herauskam. Für Leute von der Art von
Florence Nightingale hätte man keine Basare
gebraucht; aber wenn man einmal dergleichen unternahm, dann brachte gerade sie
etwas von dem echten Geist der helfenden
Liebe mit hinein. Mehr nach ihrem Herzen
waren die schlichten ländlichen Feste – der
Weihnachtsabend in Embley und das som-
merliche Kinderfest in Lea. Wenn es galt, das
Licht der Liebe in die Herzen der Armen
scheinen zu lassen, war sie immer die erste;
und obgleich die beiden Schwestern stets beisammen waren, und obwohl auch Miß Parthe
gut und freundlich war, Florence war es stets,
auf die man schaute und baute, von der man
sich gerne helfen und beschenken ließ. Sie
hatte den Schlüssel zu allen Herzen, sie besaß

die zarte Hand und den klaren Blick zum wirklichen Wohltun.

Wo aber das gefeierte Fräulein mit seiner eigentlichen Liebe und auch allein mit einem ganz guten Gewissen weilte, das wurde offenbar, wenn sie etwa einmal in der abendlichen Gesellschaft vermißt wurde. Wenn man sie dann suchte, fand man sie im Dorf an einem Krankenbett: „Sie könne nicht zu einem großartigen Abendessen hinsitzen, solang es hier so stehe!"

Man sagte ihr nach, daß sie etwas an sich habe und in die Krankenstube mitbringe, das die Schmerzen lindere und Behagen und Frieden verbreite. Ihre helle, liebliche Stimme war den Kranken eine süße Musik, und schon um dieses Genusses willen ließen sie sich über alles gerne von ihr vorlesen. Es wäre unverzeihlich gewesen, wenn die Geistlichkeit in Lea und Embley diese hervorragende Kraft nicht in den Dienst der Gemeinde zu stellen sich bemüht hätte. Auch auswärts wurde je und je ihre Mitwirkung begehrt. Auf dem Grund und Boden, der einst zu dem Gut des „alten Peter" gehört hatte, stand jetzt die erste Baumwollspinnerei, die Richard Arkwright, der be-

rühmte Vervollkommner der Baumwollspinn-
maschine, im Jahr 1770 erbaut hatte. Er hatte
viel getan für die Hunderte von Arbeitern, denen seine Spinnereien Arbeit und Brot gaben,
und seine Nachfolger hatten sein Werk fortge-
setzt. Das ganze Dorf Cromford konnte als
eine Musteranlage gelten. Schulen, Lesezimmer u. a. sorgten für die geistige Hebung der
Bevölkerung. Herrschaft und Pfarrer zogen je
und je die beiden Schwestern von Lea Hurst
zu wertvoller Hilfe bei allerlei Veranstaltungen
heran.

Das Beste war doch, was Florence selbst in
dem Bezirk ihres Vaters unternahm. Auch
dort blühte eine Industrie. Unmittelbar unterhalb Lea Hurst lag eine große Strumpfwirke-
rei, die mehrere hundert Frauen und Mädchen
beschäftigte, zum Teil Leute, die auf Nightingales Grund und Boden wohnten. Hier fand
Florence ihren eigentlichen Wirkungskreis. Die
Umgebung von Lea Hurst war ein empfängli-
cher Boden für die religiöse Wärme und für
die gefühlsbetonte Frömmigkeit des Metho-
dismus. Religiöse Interessen waren rege, religiöse Fragen wurden lebhaft besprochen unter den Landleuten und Handwerkern der Ge-

gend; der Fabrikbesitzer war selbst Methodist, und seine Leute folgten zum großen Teil seinem Beispiel. Doch nahmen die Gegensätze keinen feindseligen Charakter an; die christliche Gemeinschaft reichte über die Grenzen von „Kirche" und „Kapelle" hinüber. Florence Nightingale begann mit den jungen Mädchen der Umgebung eine „Bibelklasse" – wir würden sagen: sie sammelte einen kleinen Jungfrauenverein, dessen Mittelpunkt eine Bibelstunde am Sonntagnachmittag bildete. Noch lange erzählten alte Frauen mit leuchtenden Augen von den schönen Sommernachmittagen in der altehrwürdigen Kapelle des Herrschaftshauses: wie schön sie die Bibel auszulegen verstand, wie lieblich sie mit ihrer reinen Stimme die Lieder vorsang. Hier hat die Jungfrau sich geübt in der Kunst, das Gotteswort den Herzen schlichter Leute nahezubringen. Wir sehen sie vor uns sitzen in dem stimmungsvollen kleinen Raum, übergoldet von den Sonnenstrahlen, die durch das kleine Fenster hereinfielen – eine liebliche Erscheinung, das glatte braune Haar einfach gescheitelt, eine Rose zwischen die Flechten gesteckt als anmutigen Schmuck.

Auch der weitere Familienkreis nahm den Dienst der geschätzten Krankenpflegerin gerne in Anspruch. Die Fünfundzwanzigjährige schreibt aus dem Krankenzimmer der Großmutter: „Ich bin manchmal sehr froh, im Tal des Todesschattens zu wandern. In seiner schweigenden Stille ist etwas, das alle irdischen Wogen glättet. Gott bändigt unsere Flügel in den Wassern dieses Tales, und ich bin lange nicht so glücklich und dankbar gewesen." Auch ihre alte Kinderfrau pflegte sie in ihrer letzten Krankheit. Sie hatte schon damals am Kranken- und Sterbebett die Augen offen für die letzten Wirklichkeiten. In ihren Briefen finden sich nachdenkliche Äußerungen über das, was man in dieser Schule lernt. „Es ist wunderlich, wie wenig Glauben man für seine Freunde hat. Wir wissen, wie gut wir's ihnen gemacht hätten, wenn wir gekonnt hätten. Daß wir uns selbst für so unendlich viel besser halten als Gott! Daß wir das Los unserer Lieben ihm nicht anvertrauen können!"

Es gäbe aber ein falsches Bild vom Hause Nightingale, wenn übersehen würde, daß dort auch viel frisches, junges Leben sich tummelte, und daß Florence auch zu diesem in inniger Beziehung stand.

Vater und Mutter hatten zahlreiche Brüder und Schwestern, und so gab es im Sommer stets eine Menge von Neffen und Nichten, die zum Teil an ihrer Base Flo mit inniger Liebe hingen. Ein kleiner Vetter, William Shore Smith, der als kleines Kind der Elfjährigen in die Arme gelegt wurde, war ‚ihr Bub‘; – bis er die Hochschule bezog, brachte er jedes Jahr einen Teil seiner Ferien im Hause Nightingale zu. Florence war ihm nacheinander Pflegerin, Spielkamerad und Hofmeister – den Sohn ihres Herzens nannte sie ihn. „Solang er da ist, gehört ihm alles, was mein ist – Kopf und Hand und Zeit.‘‘

Aber seltsam – was den andern Gliedern der Familie angenehme Bereicherung des Lebens war: Der jährliche Wechsel zwischen Lea Hurst, London und Embley, das empfand Florence als schmerzliche Störung in dem, was eben ihr das Wichtigste war: Wenn sie sich an dem einen Ort ihren Wirkungskreis geschaffen hatte, dann kam die Stunde des Aufbruchs, die alles wieder abschnitt. Und so ist ein Gefühl des Unbefriedigtseins

je länger je mehr das, was als düsterer Hintergrund in all das bunte Erleben hereinragt.
Unvermittelt kommen zuweilen die geheimen
Gedanken ans Licht. So, wenn sie zu einem
Freund, mit dem sie auf dem Rasen an dem
Herrenhaus in Embley auf und ab geht,
plötzlich sagt: „Wissen Sie, was ich immer
denke, wenn ich diese Fensterreihe ansehe? –
Ich denke, wie ich ein Krankenhaus daraus
machen könnte, und besinne mich schon, wie
ich die Betten stellen würde."

In vertrauten Briefen an Freunde kommt
des Herzens Sehnen immer wieder zum Ausdruck. Sie nimmt einen Satz aus Carlyles
„Past and Present" heraus: „Selig, wer sein
Werk gefunden hat, der soll nach keiner andern Seligkeit trachten." Beim Blick auf ihr
gegenwärtiges Leben kommt sie nicht los
von Selbstvorwürfen: Regelmäßigkeit, Planmäßigkeit, Ausdauer ist das, was sie am häu-
figsten bei sich vermißt. Sie seufzt und betet
um Erlösung von unfruchtbaren Träumen,
sprunghaften Gedanken, sprunghafter Betä-
tigung. – Konnte sie aber unter den gegebenen Verhältnissen aus diesem Zwiespalt her-
auskommen?

Das Jahr 1844 brachte den ersten Versuch, die freie Bahn zu gewinnen, die sie ahnend vor sich sah. Sie nahm einen auf Besuch in Embley anwesenden befreundeten Arzt beiseite und überraschte ihn durch die Frage: „Wenn ich mich entschließen würde, Krankenpflege zu lernen und mein Leben diesem Beruf zu widmen, meinen Sie, daß das eine schreckliche Sache wäre?" Die Antwort lautet: „Im Gegenteil, ich denke, es wäre eine sehr gute Sache."

Und etwas später lesen wir in einem Brief: „Meine Vorstellung vom Himmel ist die: wenn meine liebe Tante Hanna und ich und mein Bub Shore und wir alle beieinander sind und die verlassenen Kranken pflegen und außerdem einander Liebe geben — und unser Heiland in unserer Mitte, der uns die Kraft schenkt."

So reifte der Plan, auf ein paar Monate in das Krankenhaus nach Salisbury als Pflegerin zu gehen, um die Praxis zu lernen, dann heimzukommen und das Gelernte im Dienst der Gemeinde, zu der Embley gehörte, anzuwenden, später einmal in einem kleinen Haus so etwas wie eine protestantische Schwesternschaft einzurichten – ohne Gelübde, für Frauen aus gebildeten Ständen. Der Plan scheiterte an dem Schrecken, der die Mutter erfaßte, als sie sich ihre Tochter als Krankenpflegerin in einem Spital denken sollte. Als gehorsame Tochter mußte Florence vorerst verzichten, aber mit dem bitteren Gefühl, daß es ein Verzicht für immer sei und daß sie ihrer Seele liebstes Kind begrabe, daß die Jugend, das Leben Jahr um Jahr zerrinne. „Ich werde niemals etwas leisten, ich bin schlechter als Staub und als gar nichts. Ich möchte wissen, wenn unser Heiland wieder auf Erden wandelte und ich ginge zu ihm und fragte ihn, ob er mich wieder in dies Leben schikken würde, das mich in Eitelkeit und Unaufrichtigkeit verstößt. O, daß doch etwas Mächtiges käme, dies schale Leben hinzunehmen in die Vergangenheit!"

Die Stunde, die sie ersehnte, war noch nicht gekommen. Der gefangene Vogel stieß den Kopf hart an die vergoldeten Gitterstäbe seines Käfigs. Florence tröstete sich in Stunden hoffnungsloser Schwermut und bitterer Selbstanklage wohl mit dem Gedanken, wenn es in diesem Leben keine Erfüllung ihres ein-

zigen Lebensziels gebe, dann wolle sie dieselbe von einem künftigen Leben erhoffen;
einen anderen Himmel begehre sie nicht.

Zunächst konnte sie wenigstens fortfahren,
Erkundigungen einzuziehen. Aber was sie
hörte, war im allgemeinen nichts weniger als
ermutigend. Vor allem einmal schien ihr Gedanke aus gesellschaftlichen Erwägungen völlig abwegig. „Es war, wie wenn ich hätte eine
Küchenmagd werden wollen", sagt sie später
selbst. Immerhin gab sich der Vater dazu her,
da und dort anzufragen und den Rat guter
Freunde zu erbitten. Aber wenn er auch einmal einen Arzt fand, der die Meinung vertrat:
Frauen in passendem Alter, mit entsprechen-
dem Charakter wären nicht unbrauchbar für
einen solchen Dienst – das blieb jedenfalls
unbestritten: Die Frauen, die bisher in der
Krankenpflege beruflich tätig waren, die waren nicht von der Art, daß er denken konnte,
sie hätten einen für die Frau passenden Beruf
gefunden. In ihrer Gesellschaft mußte sich jedenfalls ein gebildetes Mädchen sehr seltsam
vorkommen.

Wir machen uns heute schwer eine Vorstellung von den Schwierigkeiten, die Florence

zu überwinden hatte, als sie die Bahn für die weibliche Krankenpflege brach. Vorab einmal: Es gab jedenfalls in England damals kein Haus, keine Anstalt, wo ein Fräulein aus guter Familie eintreten konnte, um die Krankenpflege zu lernen. Nicht als ob es keine Spitäler gegeben hätte! Solche waren längst in Tätigkeit, zumal in den großen Städten; aber die Pflegerinnen, die hier angestellt waren, konnten keine anständige Frau ermutigen, in ihre Reihen zu treten. Es waren in der Regel Weiber der niedersten Stufe; von eigentlicher Berufsausbildung keine Spur, aber auch sonst völlig unfähig: abgestumpft, heruntergekommen, ja nicht selten lasterhaft. Man traf die Wärterinnen in der Regel betrunken; Krankenzimmer und Betten starrten von Schmutz. Ein anständiges Mädchen wagte kaum ein Krankenhaus zu betreten, geschweige daß sie Lust verspüren konnte, den Beruf zu ergreifen, dessen Wirkungsstätte so abschreckend war.

Es wird gut sein, vor unvorsichtigem Nachreden verallgemeinernder Urteile auf der Hut zu sein. Aber Florence selbst schrieb später an ihren Vater, die Oberschwester eines

Londoner Krankenhauses habe ihr gesagt, im Lauf einer langen Erfahrung habe sie nie eine Pflegerin kennengelernt, die nicht dem Trunke ergeben gewesen sei, auch habe sie von unsittlichem Verkehr selbst auf den Stationen furchtbare Beispiele berichtet. Von Paris lauteten die Berichte nicht ermutigender, so berühmt die dortigen ärztlichen und wundärztlichen Schulen waren. Die Schülerinnen galten im allgemeinen als die Mätressen der Studenten. Eine junge Amerikanerin sah den einzigen Weg, um in Paris Medizin studieren zu können, darin, Männerkleider anzuziehen – dann sehe man wenigstens, daß es ihr ernst sei, sie habe eine tiefe Stimme, und ihre Haare wolle sie gerne opfern!

Auch ein glaubwürdiger deutscher Zeuge kann angeführt werden, ein Mann, der sehr bereit war, vom englischen Vorbild zu lernen: Pastor Fliedner von Kaiserswerth, von dem wir bald mehr zu erzählen haben. Er schreibt: „Wo Hospitäler waren – ich hatte deren auf meinen Reisen in Holland, Brabant, England, Schottland wie in unserem Deutschland viele gesehen –, da fand ich die Portale und Korridors freilich bisweilen von Marmor glänzend (so in Manchester), aber die leibliche Pflege war schlecht. Die Ärzte klagten bitterlich über die Mietlinge bei Tag, die Mietlinge bei Nacht, über die Trunkenheit und andere Unsittlichkeit bei dem männlichen und weiblichen Wartepersonal. Ich hörte in dem sonst durch fromme Sitte, Liebeseifer und wohltätige Anstalten berühmten Edinburg die Ärzte noch im Jahr 1853 darüber klagen."

Die Privatpflegerin jener Tage hat Charles Dickens in seinem „Martin Chuzzlewit" in der widerlichen Gestalt der Mrs. Gamp gezeichnet. Sie ist Krankenwärterin und zugleich Hebamme und Totenfrau, und sie weiß bei allen ihren mannigfaltigen Dienstleistungen auf ihre Rechnung zu kommen. Mit ihrem großen Regenschirm rückt sie an, auf den schäbigen Kleidern reichliche Spuren von Schnupftabak, und wohin sie kommt, bringt sie stets einen deutlichen Dunstkreis von geistigen Getränken mit. Wenn sie bei einem Kranken wacht, dann ist es die erste und letzte Sorge, daß ja der Wärterin nichts fehle an Speise und Trank; sie nimmt auch wohl dem Kranken sein Kopfkissen weg, um selbst recht weich gebettet zu sein. Weckt sie dann der Pflegling durch Fieberphantasien aus schwerem Schlaf, so kennt sie handgreifliche Mittel, um den Nachtruhestörer wieder zur Ordnung zu bringen. – Uns will die Gestalt als stark übertriebenes Zerrbild erscheinen; es wird aber wohl ziemlich treu nach dem Leben gezeichnet sein. Dickens' Roman erschien im Jahr 1844; wenn Florence ihn las, wenn ihre Eltern und Angehörigen ihn lasen – konnten sie wünschen, konnte man dulden, daß der Stolz der Familie in den Stand eintrete, den eine Sairey Gamp zierte?

Auch sie selbst nahm die Sache nicht leicht. Wenn auch für sie jeder Bericht von bestehenden üblen Zuständen nur ein Antrieb war, einen Weg zur Besserung zu suchen, so wurde sie unter solchen Eindrücken geneigt, den Wert religiöser Orden oder Schwesternschaften zu erkennen, für die sie von Haus aus wenig Vorliebe hatte. Sie war der Meinung, daß kein Gelübde oder besondere religiöse Bindung nötig sei für die Pflegerin, die die rechte innere Stellung zu ihrem Beruf habe. Aber als Gegengewicht gegen die offenkundigen Übel schien ihr auch der Ordensverband

wertvoll. So war es von entscheidender Bedeutung, daß Florence Kunde bekam von
einem Schwesternverband auf protestanti-
schem Boden: dem Diakonissenhaus Fliedners in Kaiserswerth. Sie hatte von einer
Deutschen gehört, die, selber nicht katho-
lisch, doch in einem Krankenhaus im Dienst
stehe, ganz wie sie es sonst von katholischen
Ordensschwestern wußte. Florence möchte
erfahren, ob es sich um irgend etwas wie eine
protestantische Schwesternschaft handle, namentlich ob dafür auch Frauen gebildeter
Stände in Betracht kommen, nicht wie in
England nur Personen, die, wenn sie nicht
Pflegerinnen wären, eben Dienstmädchen sein
könnten. Weiter möchte sie gerne wissen, wie
jene sich den Ärzten gegenüber behaupte, die
ihr Anträge machen, und wie sie mit den
Frauenzimmern gewöhnlicher Art, wie es in
der Regel die Pflegerinnen in Krankenhäusern sind, zusammenlebe – alles Schwierigkeiten, denen man bisher nur durch religiöse Bindung zu begegnen wußte. Auch Frau
Mohl, von der wir schon gehört haben,
scheint durch ihre Beziehungen nach der
Heimat ihres Gatten in der Lage gewesen zu

sein, über Kaiserswerth zu berichten. Der eigentliche Vermittler war aber der preußische Gesandte am englischen Hof, Freiherr von Bunsen; er hat Florence, mit deren Elternhaus er befreundet war, einen Jahresbericht des Pastors Fliedner geschickt. Das Leben im Schoß der Familie wollte je länger je weniger zusammenstimmen mit dem, was Florence in Kopf und Herzen unablässig bewegte. Ein Brief aus Embley vom Oktober 1846 läßt uns hineinschauen in Freuden und Leiden dieser Jahre. „Was habe ich die letzten drei Monate getan? O glückliche Wochen in Lea Hurst, wo ich meine Lebensarbeit gefunden hatte! Mein Herz war befriedigt, meine Seele war daheim. Ich verlangte nach keinem andern Himmel. Gott sei Dank, wie ihm noch nie bisher gedankt worden ist, für diesen Schimmer von dem, was man wirklich Leben heißen kann. In den letzten fünf Wochen ist mein Geschäft viel schwerer gewesen. Die andern haben keine Ahnung davon, wie quälend diese Art Leben für mich ist – diese Table-d'hôte-Gesellschaft! Wenn ich eine ‚Erfrischung‘ – sie schreibt das Wort deutsch mitten im englischen Brief! – brauche, dann lese ich ein we-

nig in den Jahresberichten über die Diako-
nissenanstalt in Kaiserswerth. Dort ist meine Heimat, dort stehen meine Brüder und
Schwestern alle an der Arbeit. Dort ist mein
Herz, und dort wird – ich vertraue darauf –
eines Tages auch mein Körper sein – ob in
diesem Leben oder im nächsten, ob in
Deutschland oder in England, kümmert mich
nicht."

Nicht auf geradem Wege konnte Florence
ihrem ersehnten Ziele näherkommen. Noch
waren einige Windungen zu durchlaufen, die
vom Zielpunkt abzuführen schienen. Aber
auch in den stärksten Krümmen kommt der
Fluß vorwärts, und die Spirale trifft endlich
den Mittelpunkt, um den sie kreist.

Für den Winter 1847/48 hatte die Familie
einen Aufenthalt in Rom für Florence vorgesehen. Die Voraussetzung für den ganzen
Plan war die Tatsache, daß die dauernde see-
lische Belastung der Tochter sich in ihrem
körperlichen Befinden auszuwirken begann.
Sie selbst schrieb vor dem Antritt der Reise:
„Alles, was ich im Leben vollbringen will, be-
ruht auf meiner Gesundheit. Und diese, sagt
man mir, wird durch einen Winter in Rom für

immer gesichert." In diesem Punkt war Florence mit ihrer Familie einig. Aber während die andern hofften, daß der Aufenthalt in Rom manche Grillen vertreiben werde, hatte sie selbst auch dabei nichts anderes als ihr Lebenswerk im Auge. Der Entschluß wurde ihr auch durch den Gedanken an die Reisebegleiter erleichtert: Eine von ihr außerordentlich hochgeschätzte Freundin, Frau Bracebridge, mit ihrem Gatten sollte für sich selbst Stärkung suchen. Die Aussicht, der Freundin in Krankheitszeit beistehen zu können, war für Florence ein starkes Gegengewicht gegen Bedenken, die sie sonst gewiß geltend gemacht hätte.

Es war selbstverständlich, daß die für alles Schöne und Große offene und mit allen Bildungsvoraussetzungen glänzend ausgestattete Engländerin Rom in vollen Zügen genoß. Sie studierte gründlich das Rom der Antike und der Katakomben wie das der Kirchen und Galerien. Sie besuchte Künstler in ihren Werkstätten und ritt in der Campagna. Die tiefsten Eindrücke nahm sie von Michelangelos Deckenbildern in der Sixtinischen Kapelle mit. Sie war geneigt, das dort empfangene

Bild unter die wenigen zu zählen, die mit uns durch das Tor der Ewigkeit gehen und das ewige Licht ertragen. Daneben erlebte sie in jenen Monaten voll nationaler Spannung die Begeisterung Roms für den liberalen Papstkönig Pio Nono, aber auch noch aus der Ferne die ganze bittere Enttäuschung nach dem jähen Verschwinden des berückenden Traumbildes. Wenn wir aber fragen, wo in diesen überreichen römischen Monaten Florences Herz daheim gewesen sei, dann werden wir auf eine ganz andere Spur gewiesen: Sie war ein lernbegieriger Gast bei den Schwestern vom heiligen Herzen bei der Kirche Trinita de' Monti. Mit der ihr eigenen Gründlichkeit studierte sie nicht bloß Regel und Verfassung des Ordens, nicht bloß die Arbeit der Schwestern in einer Mädchenschule und in einem Waisenhaus, sie drang auch tief und mit wissenschaftlicher Methode ein in die katholische Lehre und das römische Ritual, wie ausgedehnte Aufzeichnungen und zahlreiche Aufsätze aus jenen Monaten beweisen. Sie suchte insbesondere das Geheimnis der Aufopferung, die ihr bei den Schwestern entgegentrat, und die hier angewendeten Mittel der

Einwirkung auf die Ordensangehörigen zu ergründen. So wenig sie auch zur römisch-katholischen Lehre irgendwelche Hinneigung empfand, der Gedanke begleitete sie durch Jahre, ob nicht die Gründung einer Art von Orden oder Schwesternschaft das Richtige sei. Jedenfalls sehen wir: Sie arbeitete auch in Rom für ihr Werk.

Neben den Fäden, an denen wir selbst mit bewußtem Eifer spinnen, um unser Lebenswerk zu gestalten, laufen andere her, von denen wir nichts wissen – nicht weniger wichtig für das Schicksal, zu dem wir berufen sind. Hier in Rom lernte Florence Nightingale ein junges englisches Ehepaar kennen, das ähnlich wie einst ihre Eltern auf einer langen Festlandreise begriffen war. Es war Sidney Herbert, der schon eine Ministerlaufbahn hinter sich hatte, infolge eines Kabinettswechsels aber zur Zeit wieder frei war. Die Landsleute, die sich hier fern von der Heimat trafen, zogen sich gegenseitig stark an. Sie besuchten gemeinsam die Galerien, sie ritten miteinander in der Campagna, sie sprachen über die Unternehmungen der helfenden Fürsorge, die Herbert zusammen mit seiner Frau für die Bewohner seiner Güter ins Leben gerufen hatte. Wir merken uns dies neu geknüpfte Band der Freundschaft zwischen zwei bedeutenden Menschen und sind gespannt, später zu hören, wozu es nach dem Plan der Vorsehung dienen sollte.

Die Rückkehr in die Heimat brachte auf der einen Seite manche Fortsetzung solcher Bestrebungen, wie sie die beiden Freunde miteinander beredet hatten: Florence kam durch Lord Ashley, später Shaftesbury, in Berührung mit der sogenannten Lumpenschulsache. Sie tat auch hier eifrig mit. Sie besuchte fleißig Krankenhäuser. Sie redete von ihren kleinen Dieben in Westminster als von der größten Freude, die sie in London habe. Andererseits wurde ihr das Gesellschaftsleben mit seinen Anforderungen immer unerträglicher. Sie war also nicht geheilt aus der ewigen Stadt zurückgekehrt. Aber konnte sie denn nicht fröhlich sein in dem, was die Stunde bot, und doch ihr letztes Ziel im Auge behalten? Nein, sie konnte es nicht ertragen, daß Gott sie lachen hörte, als hätte sie keine Reue über ihre Sünden. Eitelkeit und Heuchelei ist es immer in erster Linie, was sie sich vorwirft.

Die freundliche Tante Hanna, die für Florence eine wahre Seelsorgerin und geistliche Mutter gewesen ist, meinte, man könne doch alles und jedes zur Ehre Gottes tun. Florence konnte sich darein nicht finden, während sie so viel Elend unter den Armen sah, das wir heilen könnten, statt in Üppigkeit dahinzuleben. Dabei stand sie in schmerzlicher Wahl, wo es schlimmer sei, auf dem Lande oder in der Hauptstadt. Sie fand, daß in einem Landhaus alles Peinliche aus dem Gesichtskreis gerückt sei – hinter schönen Bäumen, eine halbe Stunde weit weg dort im Dorf, während man dagegen in London beim flüchtigen Blick in die nächste Seitengasse wohl oder übel sehen muß, daß das Leben nicht so ist, wie man es gezeigt bekommt. Aber freilich, wenn sie dann sich anschickte, dem Zug des Herzens und der Stimme des Gewissens zu folgen und einem Gesicht von der Straße nachzugehen mit dem Ruf: Das sind meine Brüder und Schwestern! – dann bekommt sie die Zurechtweisung: Es geht nie und nimmer an, daß eine junge Dame von ihrer Lebensstellung in London ohne einen begleitenden Diener ausgeht.

Im Herbst 1848 winkte einmal wieder der Stern des Heils in verheißungsvoller Nähe. Sein Vorübergehen brachte desto bitterere Enttäuschung. Aus Anlaß eines beabsichtigten Kuraufenthalts von Mutter und Schwester in Karlsbad sollte eine Begegnung mit Freunden in Frankfurt am Main stattfinden, von dort sollte Florence einen Abstecher nach dem ersehnten Kaiserswerth machen. Unruhen, die in Frankfurt ausbrachen, machten den Plan zunichte.

Wird sich einmal ein Ausweg zeigen? Die Familie hatte schon wieder einen geöffnet: Die Bracebridges rüsteten sich im Herbst 1849 zu einer zweiten Ausfahrt – diesmal sollte es nach Ägypten gehen. Wieder begehrten sie Florence als Reisebegleiterin, und wieder war sie bereit. Diesmal hoffte man darauf, daß die Tochter der Versuchung erliegen werde, die Laufbahn der gelehrten Schriftstellerin zu ergreifen. Sie zog auch wirklich aus mit einer Last von gelehrten Büchern. Aber für sie war die Aussicht verlockend, daß der Rückweg über Deutschland genommen werden und dann Kaiserswerth besucht werden solle. Wiederum, wie zu erwarten ist: Florences

Briefe und Tagebücher sind voll von ägyptologischer Wissenschaft. Sie legt Tabellen der Pharaonendynastien an, zeichnet Tempelgrundrisse und verfaßt kenntnisreiche, auf der neuesten Literatur fußende Aufsätze über die Grundgedanken der ägyptischen Mythologie. Aber wir warten nicht weniger bestimmt darauf, auch in den ägyptischen Tagebüchern noch andere Interessen zu finden. Wir hören, daß Flo sich auf der Bootfahrt nilaufwärts den Namen des wilden Esels der Wüste verdient, der nach Luft schnappt (Jeremia 14,6), weil sie immer davonläuft und ihre Nase in alle Dörfer steckt, um zu sehen, wie diese armen Leute leben. Sie hat schon auf der Fahrt durch Frankreich Schwestern von St. Vincent von Paul getroffen, die ihr Empfehlungen für Alexandria an die dort tätigen Ordensglieder mitgegeben haben. Sie verlebt in Athen die glücklichsten Stunden in Schule und Waisenhaus eines amerikanischen Missionarpaares. Sie findet ihr eigenes Leben wertlos neben dem der Frauen, die sie hier kennenlernt. Die große Niedergeschlagenheit kommt wieder über sie, ein leichtes Fieber tut das seinige dazu. Sie erkennt die Gefahr, nicht in der Gegenwart, sondern in Träumen der Zukunft zu leben und schließlich den Traum für Wirklichkeit zu nehmen. So kommt sie auf der Heimreise nach Dresden. Nun erfaßt sie eine Angst vor dem so nahen Kaiserswerth. Sie überlegt sich, ob sie nicht den Reiseplan ändern solle. Aber es ist nur eine vorübergehende Anwandlung von Schwäche, in Berlin wacht die richtige Florence wieder auf: Sie besucht Krankenhäuser und andere wohltätige Anstalten. Am 31. Juli 1850 ist sie am Ziel ihrer durch Jahre unvermindert getragenen Sehnsucht. Das Tagebuch sagt: „Mit einem Gefühl wie der Pilger, der zuerst den Kidron erblickt, sah ich den Rhein, der mir teurer ist als der Nil." Vierzehn Tage blieb sie im Kreise Fliedners und seiner Diakonissen und studierte die Anstalten. „Kaiserswerth verlassen – fühle mich so tapfer, als ob mich nie wieder etwas anfechten könnte."

Zwei greifbare Urkunden von diesem Besuch in Kaiserswerth sind nachzuweisen. Einmal ein Eintrag im Album der ältesten Tochter des Pastors, mit der sie schon damals eine innige Freundschaft geschlossen hatte. Es ist ein arabischer Spruch:

Vier Dinge, Gott, habe ich dir zu bieten,
Die sich in all deinen Schatzkammern nicht
finden:
Meine Nichtigkeit, meine traurige Armut,
Meine verderbliche Sünde, meine ernste Reue.
Nimm diese Gaben an und nimm den Geber
hin!

Kaiserswerth, den 13. August 1850.

Fl. N.,
die mit überfließendem Herzen sich immer der
Güte all ihrer Freunde im lieben
Kaiserswerth erinnern wird.
Ich bin ein Gast gewesen, und ihr habt mich
beherbergt.

Sodann aber eine kleine Schrift, welche Florence unter dem frischen Eindruck von Kaiserswerth niedergeschrieben hat. In Gent machte die Reisegesellschaft eigens zu dem Zweck Station, daß das Manuskript vollendet werden konnte. Das Heftchen wurde in London in der Druckerei der Lumpenschule gedruckt – ohne Verfassernamen –, der Anfang einer fast endlosen Reihe von Schriften derselben Verfasserin! Was wollte sie damit?

Kurz gesagt: „Hier ein Beispiel für die Ausbildung von Diakonissen! Ihr englischen Frauen, gehet hin und tut desgleichen."

Was war gewonnen durch die lange Reisezeit? Die Kluft zwischen den Wünschen der Familie und dem Streben der Tochter war nicht ausgefüllt. Die Mutter pries die schönen Briefe der Tochter und sonnte sich in dem europäischen Ruf, den sie in der Gelehrtenrepublik gewonnen hatte. Wie schön, diese reichen Gaben, diese wertvollen Beziehungen nun in der Heimat weiter zu pflegen und zu nützen! Für Florence waren es nicht Gaben, sondern Versuchungen, die sie abzuwehren hatte. Die Schwester besorgte „Briefe aus Ägypten" zum Druck. Die Verfasserin freute sich nicht darüber, aber sie gab ihre Einwilligung. Handelte es sich doch nur um ein Buch für den Kreis der Freunde. Aber sie wollte des Herrn Magd sein und nicht die Magd der Briefstellerei oder der Musik oder der Philosophie. „O Gott", so schrieb sie schon in Kairo in ihr Tagebuch, „du legtest in mein Herz dies heiße Verlangen, mich den Kranken und Unglücklichen zu widmen. Ich bringe es dir dar. Tue damit, was zu deinem Dienste frommt!"

Rückschauend schreibt Florence im Jahr 1850: „Ich hatte die Wahl zwischen drei Wegen: Ich konnte eine Schriftstellerin werden oder eine Ehefrau oder eine Krankenschwester." Warum wählte sie nicht den zweiten Weg, um das reichere, vollere Leben zu finden, das sie daheim nicht hatte? Die Welt hatte sie im Verdacht, der freilich nahe genug lag: Natürlich, eine solche Heimat aufzugeben, das will überlegt sein! Aber sie selbst wollte doch eben dem vergoldeten Käfig entfliehen! Warum wählte sie nicht den Weg, der so manches Mädchen in die Freiheit lockt? An Gelegenheit konnte es ihr nicht fehlen. Die Werbung eines Vetters schlug sie aus mit der kühlen Begründung, daß Verbindungen zwischen Verwandten nicht im Sinne der Natur liegen. Es fiel ihr nicht schwer, so nüchtern zu dozieren, weil sie den guten Vetter wohl leiden mochte, aber nicht liebte. Ernster war eine zweite Werbung. Auch diese wurde zuerst einmal mit dem nüchternen Verstand geprüft. Florence Nightingale wollte nicht wie so viele der geschmeichelten Eitelkeit oder der Selbstliebe erliegen. Aber es war wirklich ein Band zwischen den beiden Menschen gewachsen, die einander durchaus wert waren. Florence schlug den Antrag aus. Er wurde wiederholt, sie blieb fest. Nun ja, sie hat eben nicht geliebt – mit der Liebe, die von keinen Gründen abhängig ist. Sie gab sich Rechenschaft über das, was in ihr dafür und dawider sprach. „Ich habe eine intellektuelle Natur, die Befriedigung verlangt. Die würde sie in ihm finden. Ich habe eine leidenschaftliche Natur, die Befriedigung verlangt. Auch diese würde sie in ihm finden. Ich habe eine moralische, eine tätige Natur, die Befriedigung verlangt. Und diese würde sie in seinem Leben nicht finden. Für alle meine Naturen kann ich schwerlich Befriedigung finden. Manchmal denke ich, ich wolle meiner leidenschaftlichen Natur um jeden Preis Befriedigung schaffen, weil das mich wenigstens vor dem Übel des Träumens sichern würde. Aber ist das gewiß? Ich könnte zufrieden sein, mit ihm ein Leben zu führen, das unsere verschiedenen Kräfte zu einem großen Ziel vereinigen würde. Ich könnte aber meine Natur nicht befriedigen durch ein Leben mit ihm, das dem Gesellschaftstreiben und dem Haushalt gewidmet wäre. Angenagelt zu sein an eine Fortsetzung und Steigerung meines gegenwärtigen Lebens, ohne Hoffnung auf ein anderes, das wäre mir unerträglich. Mit Willen auf die Möglichkeit verzichten, jemals die Gelegenheit zu ergreifen zur Gestaltung eines wahren und eigenen reichen Lebens, das käme mir vor wie ein Selbstmord."

Florence war überzeugt, daß es Frauen gebe, für welche das ehelose Leben das Richtige sei: „Es gibt Frauen von intellektueller oder aktiv moralischer Natur, für welche eine Heirat (wenn sie eben nicht das volle Ideal verwirklicht) das Opfer ihrer höheren Fähigkeiten zugunsten der Befriedigung des Geliebten bedeutet." Sie war nicht sicher, daß die ihr angebotene Verbindung das Ideal verwirklichen werde: daß nämlich Mann und Frau sich vereinigen in einem wahren Zwekke für die Menschheit und für Gott. Sie wußte aber in sich selbst eine solche Kraft für das höchste Ziel. Also mußte sie ihre leidenschaftliche Natur dem moralischen Ideal opfern. Am Geburtstag 1850 schreibt sie ins Tagebuch: „Ich bin 30 – das ist das Alter, in dem Christus sein Werk begann. Von nun an nichts Kindisches mehr, keine eiteln Dinge, nichts mehr von Liebe, nichts mehr von Heirat. Nun, Herr, laß mich nur denken an deinen Willen!" Ein andermal: „Starke Leidenschaften, um die Geheimnisse des menschlichen Herzens zu offenbaren, und ein starker Wille, um sie drunten zu halten – das sind die Schlüssel zum Königreich in dieser Welt und in der nächsten."

Der Weg zum Ziel war frei, aber er lag noch immer im Dunkel. War nicht doch der Preis zu hoch? Wenn nun eben die große Aufgabe für Menschheit und Gott nicht kam, um deren willen sie auf die Ehe verzichtete? Wer im Gehorsam des Glaubens ausgezogen ist aus dem Vaterland, der muß warten, bis die Stunde kommt.

Die äußeren Verhältnisse, in welche Florence nach den beiden Reisewintern zurückkehrte, waren dieselben wie immer, das Verhältnis zu Eltern und Schwester dasselbe wie zuvor. Sie liebt den Vater, der sie doch nicht ganz verstehen kann. Sie bewundert geradezu die Mutter wegen ihrer glänzenden gesellschaftlichen Gaben und organisatorischen Fähigkeiten. Aber es peinigt sie, daß sie die Mutter nicht zufriedenstellen kann. Die beiden

Schwestern sind so verschiedene Naturen, daß Florence von zwei Rassen redet. Flo hat alles Verständnis für den soviel einfacheren, unkomplizierten Charakter ihrer Parthe, sie möchte sie in keinem Stück anders haben, als sie ist. Aber sie kann auch durchaus nicht von ihr erwarten, daß sie Verständnis habe für der Jüngeren innere Schwierigkeiten. Das alles wirkt auf Florence so, daß sie ihrem Tagebuch Stoßseufzer anvertraut wie den: „Ich habe nie eine glückliche Zeit gekannt, ausgenommen in Rom, und diese vierzehn Tage in Kaiserswerth." Ja, daß sie es kalt und nüchtern wiederholt: „In meinem 31. Jahr sehe ich nichts Begehrenswertes als den Tod." Sie mag des Morgens nicht aufstehen – wozu auch? „O trostlose Tage, o Abende, die nicht enden wollen! Wie viele lange Jahre hab' ich diese Zimmeruhr gehütet und gedacht: Es ist nicht zu erleben, bis sie auf 10 steht. Und das noch weitere 20, 30 Jahre! O wie soll ich durch diesen Tag durchkommen, diesen ganzen Tag durchschwatzen? – das ist mein Gedanke jeden Morgen. Das ist der Stachel des Todes! Warum wünsche ich, diese Welt zu verlassen? Gott weiß, daß ich keinen jenseitigen Himmel suche, sondern nur das, daß er mich in St. Giles oder irgendwo in einem Kaiserswerth niedersetze, damit ich dort mein Werk und in meinem Werk mein Heil finde."

Nach und nach wird die Gesamtstimmung etwas entschiedener. Ob die Berge von Schwierigkeiten dazu da sind, daß man sich im geduldigen Gehorsam übt, oder vielmehr dazu, daß man die Kraft übt, sie zu überwinden? Sie neigt mehr und mehr nach der letzteren Seite. Einmal muß die Bevormundung wie eines unerwachsenen Kindes aufhören! Sie will irgend etwas unternehmen, zum Dienst an Kranken oder Armen. Aber dann ist eines klar: Sie muß sich für ihren Beruf ausbilden. Diesen Gedanken sucht sie dem Vater beizubringen. Und rascher als sie zu hoffen wagt, kommt nun endlich die günstige Gelegenheit. Die Schwester soll jetzt unbedingt zur Kur nach Karlsbad. Die Mutter soll sie begleiten. Florence setzt es durch, daß sie mitgeht und inzwischen einen Aufenthalt in Kaiserswerth nimmt. Von Anfang Juli bis 8. Oktober 1851 war sie an der Stätte ihrer Sehnsucht.

Was ist Kaiserswerth? Es ist an der Zeit, daß wir kennenlernen, was auf Florence Nightingale wirkte wie der Stern, der im Morgenland erschien, auf die Weisen. Wir freuen uns, in unsre englische Erzählung ein deutsches Kapitel einfügen zu dürfen.

Der deutsche Diakonissenvater und seine englische Schülerin.

„Theodor Fliedner, durch Gottes Gnade Erneuerer des apostolischen Diakonissenamtes" – diese Worte stehen auf dem schlichten Grabstein des Mannes, dessen dankbare Schülerin Florence Nightingale geworden ist, und sie können auch als die beste und bündigste Zusammenfassung seiner Bedeutung und seines Lebenswerks gelten. Nehmen wir noch den Wahlspruch dazu, den er für sich selbst erwählt hat und den er allen seinen Diakonissen mit eigener Hand als Denkspruch auf das Erinnerungsblatt zu schreiben pflegte, das er ihnen am Einsegnungstag überreichte: „Er muß wachsen, ich aber muß abnehmen" (Joh. 3,30), dann haben wir auch eine kurze Andeutung von dem Geiste, in dem er sein Werk unternommen und getan hat.

Theodor Fliedner stellt ein lebendiges Band dar zwischen der christlichen Liebesarbeit der beiden Länder Deutschland und England. Er hat in England gelernt, und England hat von ihm gelernt; er hat entscheidende Anregungen über den Kanal nach Hause heimgebracht, und er hat mit reichen Zinsen erstattet, was er empfangen. Wir sehen darin die Vorbedingungen für die Ausrüstung, die sich unsere Florence auf deutschem Boden geholt hat.

Als Fliedner im Jahr 1822 den seltsamen und kühnen Entschluß faßte, zugunsten seiner vor dem Zusammenbruch stehenden kleinen Diasporagemeinde in Kaiserswerth eine Kollektenreise zu unternehmen, da richteten sich seine Blicke auch nach England, auf dessen „liberale und christliche, alle religiösen Zwecke gerne unterstützende Denkart" er rechnen zu dürfen glaubte. Dort hat die Persönlichkeit und das Werk der Quäkerin Elisabeth Fry ihm Anstoß und Vorbild für sein eigenes Lebenswerk gegeben. Er bezeugt, wie sehr er „die heilige Liebe, die tiefe Weisheit, die ungeheuchelte Demut und den lebendigen Glauben dieser Mutter in Israel daheim und unter den Gefangenen" bewundert habe. Im Jahr 1840 erlebte er die Freude, einen Gegenbesuch der verehrten Engländerin in Kaiserswerth zu empfangen. Sie hatte den König Friedrich Wilhelm IV. in Berlin besucht und kam auf dem Rückweg an den Rhein. Fliedner war zunächst unerwartet im Gefängnis in Düsseldorf mit ihr zusammengetroffen, und auf seine Bitte kam sie dann auch nach Kaiserswerth. Sie hielt an die zehn Pfleglinge des von Fliedner geschaffenen Asyls für entlassene weibliche Gefangene „eine tief ergreifende Ansprache". Er erzählt: „Den zwei Schwestern, welche das Amt als Erzieherinnen bei diesen Armen übernommen haben, flößte ihre mütterliche Ermunterung neuen Mut ein für ihr schweres Werk. Aber auch für alle anderen Anstaltsgenossen, für Kranke und Diakonissen, für Lehrerinnen und Kinder hatte sie ein Wort der Liebe und der Ermahnung. Sie schied segnend und fröhlich." Es war wirklich ein kostbarer Augenblick, in dem die Gemeinschaft des Heiligen Geistes den Menschen verschiedener Zunge lebendig spürbar wurde; und hatte einst Fliedner drüben im Newgate-Gefängnis den entscheidenden Anstoß empfangen, nun ging die Engländerin nach Hause mit dem festen Entschluß, in London einen Verein für protestantische Barmherzige Schwestern zu gründen, was auch noch in demselben Jahr zur Ausführung gekommen ist. So war's ein gesegnetes Geben und Nehmen herüber und hinüber über den Kanal. – Weitere dauernde Fäden wurden angeknüpft, als im April 1846 Fliedner für das von dem preußischen Gesandten Freiherrn von Bunsen gegründete deutsch-evangelische Krankenhaus in London die ersten vier Schwestern hinüberbrachte. Bei der Feier der Einführung derselben und später bei verschiedenen Maiversammlungen hatte er willkommene Gelegenheit (einmal vor 3.000 Zuhörern), der englischen Kirche das ans Herz zu legen, was sie ebenso nötig habe wie die deutsche: den Dienst der Frauen an den Hilfsbedürftigen, wofür ja er selbst in England bei Elisabeth Fry den ersten Anstoß empfangen habe. Wir hören zwar nichts davon, daß Florence Nightingale in jenen Wochen einmal den Worten des beredten Apostels des Frauendienstes gelauscht hätte; aber daß sie auf Fliedner und seine Gründung aufmerksam wurde, haben wir gesehen. Erschien doch auch in den nächsten Jahren in England ein Buch mit dem Titel „Die blaue Fahne von Kaiserswerth", das über Entstehung und Ausbreitung des Diakonissenwerks berichtete. Ganze Ströme von englischen und amerikanischen Besuchern kamen von nun an ins stille Kaiserswerth: In der Reisezeit mußten mehrere Schwestern eigens als Fremdenführerinnen angestellt werden.

Ganz besonders aber interessiert uns in der Lebensgeschichte der Frau, die später mit ihren Pflegerinnen nach Osten ausgezogen ist, daß Fliedner eben in jenem Jahr 1851 auch schon diesen Pfad gefahren ist, um dorthin die Kunde von der dienenden Schwesterliebe zu tragen. Vier Diakonissen sollte er für das in Jerusalem zu gründende evangelische Hospital auf dem Berge Zion bringen, gerufen von dem Bischof Gobat, den er einst in London kennengelernt hatte.

Was bedeuten für Florence Nightingale die Monate in Fliedners Diakonissenhaus? Darüber zuerst ein Wort der auf ihre Lehrzeit zurückschauenden Greisin. Das Britische Museum bewahrt ein mit Bleistift flüchtig geschriebenes Blatt vom Jahr 1897 von ihrer Hand, dessen Inhalt sich auf Kaiserswerth bezieht. Das Museum ersuchte sie damals um ein Stück des längst vergriffenen Schriftchens; sie sandte von zweien, die sich unter ihren Papieren noch fanden, das bessere und fügte ein paar Bemerkungen bei, die für uns wertvoll sind. „Nie ist mir ein edlerer Ton, eine reinere Hingebung begegnet als dort. Da gab es keine Nachlässigkeit. Das war um so bemerkenswerter, weil viele von den Diakonissen nur Bauernmädchen gewesen waren; keine einzige gebildete Frau war damals darunter. – Die Kost war ärmlich; keinen andern Kaffee gab's als Gerstenkaffee, keinen Luxus als Reinlichkeit."

Doch wäre es durchaus falsch, zu denken, Florence hätte Kaiserswerth gegenüber ihre kritische Ader völlig ausgeschaltet. Wenn sie später der Meinung begegnete, als hätte sie ihre ganze Ausbildung in der Krankenpflege dort geholt, dann trat sie derselben entschieden entgegen. „Ich nahm alle Ausbildung, die dort zu haben war – in England gab es ja damals überhaupt keine! … Doch ist Kaiserswerth weit entfernt davon, mich ausgebildet zu haben. Aber der Ton war ausgezeichnet, bewundernswürdig. Und Pastor Fliedners Vorträge waren das Beste, was ich gehört habe. Seine feierliche und ehrfurchtsvolle Belehrung über die traurigen Folgen des Krankenhauslebens war etwas, das ich in England nie zu hören bekam." Hier war verwirklicht, was Florence lange mit heißer Seele gesucht hatte: der Dienst am Menschen geordnet als Dienst gegen Gott.

Gerne hören wir auch ein Zeugnis davon, was für einen Eindruck das feine englische Fräulein bei den einfachen deutschen Schwestern hinterlassen hat.

Eine Landsmännin, die zehn Jahre nach Florence in Kaiserswerth war, schreibt: „Ihre Liebe zu Miß N. ist so groß; sie war nur ein paar Monate dort, aber sie haben ein ganzes Verlangen, sie wiederzusehen. Ich habe vieles über sie gefragt; sie muß ein liebevolles und liebliches, so ein echt weibliches Wesen haben und dabei wahrhaft fromm. Eine Schwester sagte mir, viele von den Kranken haben viel von ihrer Unterweisung behalten, und einige seien glückselig gestorben, indem sie es ihr dankten, daß sie sie zu Jesus geführt."

Sie schloß sich innig an die Pastorsfamilie an; Fliedner und seine Frau wurden ihr Vater und Mutter, die älteste Tochter und manche einfachen Diakonissen waren der vornehmen Ausländerin Freundinnen, ja Schwestern geworden. Insbesondere stand ihr die Schwester Sophie Wagner nahe, in der sich nach dem Urteil von Fliedners Sohn und Biographen das Ideal einer Kaiserswerther Diakonisse verkörpert hat. Sie stammte aus den württembergischen Gemeinschaftskreisen und ist auch in der Sprache zeitlebens eine Schwäbin geblieben. Sie schaute damals schon auf eine fast zwölfjährige Dienstzeit zurück und war jetzt als Leiterin des Mutterhauses die wichtigste Persönlichkeit bei der Erziehung der Probeschwestern. Auch Jettchen Frickenhaus wird besonders erwähnt unter den Schwestern, die sich Freundinnen des englischen Fräuleins nennen durften; sie hatte einst als ganz einfaches Mädchen die Leitung der kleinen Kinderschule übernommen, aus der dann im Lauf der Zeit ein Seminar für Kleinkinderpflegerinnen herausgewachsen war.

Ein Bild von den Äußerlichkeiten des Lebens in Kaiserswerth gibt ein Brief an die

Mutter: „Die Welt hier gibt meinem Leben einen wertvollen Inhalt und stärkt mich an Leib und Seele. Ich habe sofort einen Dienst übernommen und bin jetzt in einem zweiten, so daß ich bis gestern nicht einmal Zeit hatte, meine Sachen zur Wäsche zu geben. Wir haben zehn Minuten zu jeder unserer vier Mahlzeiten. Wir stehen auf um 5, Frühstück ¼ vor 6. Die Kranken essen um 11, die Schwestern um 12. Wir trinken Tee – d. h. ein Getränk aus gemahlenem Roggen – zwischen 2 und 3, und essen zu Abend um 7. Es gibt zweimal Tee und zweimal Suppe: Tee 6 und 3, Suppe 12 und 7 Uhr. Brot zum Tee, Gemüse um 12. Mehrere Abende in der Woche versammeln wir uns im großen Saal zu einer Bibelstunde. Der Pastor ließ mich einmal kommen, um mir eine von seinen unvergleichlichen Unterrichtsstunden zu geben. Seine Weisheit und seine Kenntnis der menschlichen Natur ist wunderbar. Er hat einen gefühlsmäßigen Einblick in jeden Charakter im Haus. Außer diesem einen Mal habe ich ihn nur bei seinen Rundgängen gesehen. – Alles hier beschäftigt mich aufs tiefste, und ich bin so wohl an Leib und Seele. Dies ist Leben. Jetzt weiß ich, was es heißt: leben und das Leben lieb haben, und wirklich, es würde mir schwer fallen, jetzt das Leben zu verlassen. Ich weiß, du hörst das gern, liebste Mama. Gott hat in der Tat das Leben reich an Aufgaben und Segnungen gemacht, und ich wünsche keine andere Erde, keine andere Welt als diese." Deutlicher als hier wirbt sie in anderen Briefen um die Billigung ihres Weges durch die Ihrigen. „Ich wäre hier so glücklich, als der Tag lang ist, dürfte ich hoffen, Euer Lächeln, Euern Segen, Eure Billigung dafür zu haben, ohne die ich nicht ganz glücklich sein kann. – Gebt mir Zeit, gebt mir Vertrauen! Trauet mir, helfet mir! Ich fühl's, daß ich einmal Eure liebenden Herzen beglücken kann, die ich jetzt verwunde. Saget zu mir: Folge den Weisungen des Geistes, der in Dir ist. O meine lieben Leute, dieser Geist wird mich nie zu etwas führen, was unwürdig ist irgend jemandes, der Euch in Liebe verbunden ist."

Florence kannte ihre Mutter zur Genüge, um zu wissen, daß sie sich darüber grämte, was doch die Leute sagen würden zu dem Streich der wunderlichen Tochter. Darum ist diese selbst peinlich vorsichtig, das Geheimnis nicht zu verraten, wo es gefährlich ist. Aber sie kann auf der andern Seite auch darauf hinweisen, daß die Menschen, deren Meinung daheim am wichtigsten sein müßte, alle ganz auf ihrer Seite stehen. Sie nennt in längerer Liste von Namen u. a. die Bunsens, die Bracebridges, vor allem die Herberts – die letzteren besuchten sie gar in Kaiserswerth.

Noch war der Kampf nicht beendet, aber Florence hatte ihre Stellung wesentlich gestärkt. Der Tag konnte nicht mehr fern sein, da sie den Sieg erringen mußte. Sie wollte möglichst viel mit sich heimnehmen von dem starken sieghaften Geist, der gerade damals in Kaiserswerth besonders spürbar gewesen sein muß. War doch eben in den Tagen ihrer Ankunft Fliedner von seiner Reise nach dem Morgenland zurückgekehrt; er hatte seine Diakonissen nach Jerusalem geführt, er kam heim voll brennenden Eifers, auch in die Wüste des Heiligen Landes das Lebenswasser der um Christi willen dienenden Liebe zu leiten. Wie hat er es verstanden, den Frauen und Jungfrauen das Herz warm zu machen und immer neue Freiwillige zu werben für den Diakonissendienst! Gerade damals, unter dem

Eindruck der gewaltigen Ausdehnung des Arbeitsfeldes, hat sich die Zahl der Kaiserswerther Schwestern verdoppelt. Beim Abschied bat Florence, nachdem sie den Schwestern Lebewohl gesagt, ihren verehrten Meister um seinen Segen. Sie mochte sich dasselbe wünschen, was sie die Schwestern hatte empfangen sehen, wenn sie zum Dienst eingesegnet wurden. Fliedner legte ihr die Hände aufs gebeugte Haupt und, das Angesicht zum Himmel gewandt, betete er, daß ihr Aufenthalt in Kaiserswerth köstliche Frucht bringen, daß ihre reichen Gaben dem Dienst der Menschenliebe gewidmet sein mögen, und dann segnete er sie ein mit dem Segenswunsch für die Diakonissen und ließ sie ziehen – zu ihrem Dienst. Welcher Art der sein werde, das wußte weder er noch sie. Aber als er später von ihr hörte, da hat er sich ihrer für Kaiserswerth nicht geschämt.

Am Schluß dieses Kapitels soll noch einiges aus der kleinen Schrift erwähnt werden, die Florence nach ihrem ersten Besuch in Kaiserswerth geschrieben hatte. Wir lernen die Verfasserin hier kennen als eine Frau, die für die Bedürfnisse ihrer Geschlechtsgenossinnen einen erstaunlich freien und weiten Blick gewonnen hatte.

In einer Einleitung spricht sie von der Stellung der Frau im 19. Jahrhundert. Wenn es, sagt sie, den Namen des Jahrhunderts der Frau bis jetzt noch nicht verdient habe, so sei die Schuld daran nicht dem Mann aufzubürden: denn in keinem Lande habe die Frau soviel Freiheit zur Ausbildung ihrer Kräfte gehabt wie in England. „Man nennt sie nicht mehr Blaustrumpf, wenn sich ihre Fähigkeiten in der Unterhaltung offenbaren. Die Schriftstellerin wird umworben, nicht gemieden." Sie findet auch, daß das weibliche Geschlecht in intellektueller Hinsicht große Fortschritte gemacht habe, aber die praktische Bildung hat damit nicht Schritt gehalten. „Die Erziehung zum Handeln hat nicht Schritt gehalten mit der Erziehung zur Aneignung von Kenntnissen. Die Frau des 18. Jahrhunderts war vielleicht, weil Theorie und Praxis miteinander im Gleichgewicht waren, glücklicher, als ihre höher gebildete Schwester vom 19. Jahrhundert. Diese hat viele Wünsche, die sie nicht zu befriedigen weiß. Jene konnte wenigstens das ausführen, was sie wollte." Sie redet dann von der unverheirateten und der Ehefrau und sagt recht derb und urwüchsig: „Es ist in letzter Zeit Mode geworden, alte Jungfern aufzubieten, damit sie agitieren gegen die Meinung, als ob die Ehe der Beruf aller Frauen wäre, und behaupten, der ledige Stand sei ebenso glücklich wie der Ehestand, wenn die Leute es nur richtig betrachten wollten. Ja, so ist auch die Luft ein ebenso gutes Lebenselement für die Fische wie das Wasser, wenn sie nur wüßten, wie man darin lebt. Man zeige uns, wie man ledig lebt, und wir sind zufrieden. Aber bisher haben wir nicht gefunden, daß die jungen Engländerinnen diese Überzeugung gewonnen haben. Und wir müssen zugeben, daß unter den gegenwärtigen Verhältnissen ihr Schrekken vor dem Altjungfernstand gerechtfertigt erscheint; denn ein Leben ohne Liebe, eine Tätigkeit ohne Ziel und Zweck, das ist zu denken schrecklich und zu tragen ein trauriges Elend." Das große Unglück der unverheirateten Frau sei der unbefriedigte Tätigkeitsdrang. Die Verfasserin schildert das Leben von fünf oder sechs Töchtern eines

wohlhabenden Hauses, deren ganze Beschäftigung darin besteht, daß sie eine Gruppe in der Sonntagsschule haben, und dann
das Dasein des Mädchens der Mittelklasse,
das für Vater und Brüder zur Last wird. Die
jungen Mädchen kommen dann etwa auf
den Gedanken, sich die Langeweile durch
ein paar Krankenbesuche zu vertreiben; aber
weil ihnen alle Vorkenntnisse fehlen, so ist
der einzige Erfolg, daß sie die Armen demo-
ralisieren. – Schon in dem Erstlingswerk
ihrer Feder zeigt Florence Nightingale ihre
Kunst, die Gedanken durch Beispiele und
Erzählungen aus dem Leben anschaulich zu
machen. So gibt sie hier ein eigenes Erlebnis
zum besten: Sie traf eines Tages eine sonst
geordnete und saubere Haushaltung in völliger Zerstörung. Auf den erstaunten Blick
ihres Gastes sagte die Frau: „Ach ja, freilich,
wissen Sie, Fräulein, es ist nur für die Damen, die Gemeindebesuche machen; wenn
wir nicht das Unterste zu oberst kehrten,
würden sie uns nichts geben.“ „Die Fähigkeit, in der rechten Weise Besuche zu machen, ist eine gar wunderseltene Kunst; aber
wenn jemand sie sich errungen hat, welch

ein Segen für beide, den Besucher und die Besuchten!" – Der Zweck der Schrift ist nun, den Mädchen Englands einen Ausweg aus Unbefriedigung und Langeweile zu zeigen: den Beruf der ausgebildeten Kranken- und Armenpflegerin, für den sie selbst in Kaiserswerth begeistert worden war. Die gelehrige Schülerin Fliedners zeigt sich auch in dem geschichtlichen Nachweis des Heimatrechts der Diakonissen in der christlichen und in der evangelischen Kirche. Sie weiß, daß es gilt, eingewurzelte Vorurteile zu überwinden, darunter namentlich auch die Furcht des Protestanten, daß eine Diakonisse eine verkappte Nonne sei. Sie zeigt, daß das Diakonissenamt schon vor der Gründung des Ordens der barmherzigen Schwestern allüberall in der christlichen Kirche Anerkennung gefunden habe und also nicht von der römischen Kirche geborgt sei. Daß es in den protestantischen Kirchen bisher nicht zur Entfaltung gekommen sei, das liege in erster Linie an dem Mangel von Schulen und Anstalten zur Ausbildung. Und eben diesem Mangel sei jetzt durch Fliedners vorbildliche Gründung abgeholfen. Man habe nun nur seinem Beispiel auch in England zu folgen.

Florence hat in den folgenden zwei Jahren den Endkampf um die Freiheit zu ihrem Werk durchgeführt. Mutter und Schwester machten es ihr nicht leicht, der Vater zeigte mehr Verständnis für die männliche Charakteranlage der Tochter. Einen unschätzbaren Bundesgenossen hatte sie an ihrer Tante Mai, einer Schwester des Vaters, die verheiratet war mit einem Bruder der Mutter: Sie verstand sich trefflich auf die Behandlung beider Eltern. Es kam zu einem Studienaufenthalt in Paris, wo Florence die katholischen Barmherzigen Schwestern kennenlernte. Dann aber übernahm sie die Leitung eines Heims für unbemittelte weibliche Kranke gebildeter Stände in London (Harleystraße). Ihre außerordentlichen Fähigkeiten traten sofort überzeugend in Erscheinung: Sie brachte einen verlotterten Betrieb rasch in Ordnung, sie zeigte das zur Meisterung der Ausschußbürokratie nötige diplomatische Geschick, und namentlich: Sie wußte verbitterte und vergrämte Frauenseelen unter die Sonne der Liebe zu bringen. Nicht weniger entscheidend ist aber das andere: Sie hatte das Elternhaus endgültig verlassen.

Daß freilich im Harleystreet-Home ihr Ideal nicht zu erreichen sei: ein Diakonissenhaus nach Kaiserswerther Art, das ist Florence bald klar geworden. Die Freunde zerbrachen sich die Köpfe über ihre Zukunft – die einen auf ihre Heimkehr nach der ersten Ausfahrt hoffend, die andern nach einem würdigeren Wirkungskreis für sie ausschauend. Sie selbst mochte sich an Tante Mais weises Wort halten: „Wenn Du nur bereit bist dazu, etwas ist in Bereitschaft für Dich, und gewiß wird es sich zeigen, wenn es Zeit ist."

Es war nur ein Probejahr. Abgesehen war es auf etwas anderes, Größeres. Die Alarmtrompete des Krieges drang auch in das Zimmer der zarten Frau in der Harleystraße; nun ward sie einberufen zu dem Dienst ihres Lebens – und sie war bereit.

Das Vaterland ruft.

Am 28. März 1854 wurde von den Stufen vor der Säulenhalle an der Königlichen Börse in London die Kriegserklärung an Rußland verlesen. England kam im Bunde mit Frankreich der Türkei zu Hilfe, die von russischen Eroberungsplänen bedroht war. Noch waren es erst vierzig Jahre, seit Englands Todfeind, Napoleon, überwunden war; nun sollten Engländer und Franzosen Schulter an Schulter kämpfen gegen den Russen, der die Zeit für gekommen erachtete, da man den kranken Mann am Bosporus beerben könne, und sich nun plötzlich einem mächtigen Bündnis der beiden feindlichen Brüder gegenüber sah.

Einige Tage später fuhr die englische Flotte von der Reede von Spithead nach der Ostsee ab, von der Königin und dem Prinz-Gemahl auf ihrer Jacht geleitet, vom ganzen Volk zum Abschied jubelnd begrüßt. Das Hauptinteresse wandte sich aber dem südli-

chen Kriegsschauplatz zu, wo die verbündeten Franzosen und Engländer im Juni in Warna, einem Hafen an der Westküste des
Schwarzen Meeres, landeten. Da sich dort
nichts ausrichten ließ, im Gegenteil die Cholera die Truppen schwächte, entschloß man
sich im September, nach der Krim, der Halb-
insel im Norden des Schwarzen Meeres, wei-
terzufahren, um durch Eroberung der dortigen Festung Sebastopol die russische See-
macht lahm zu legen. Daher erhielt der ganze
Feldzug den Namen Krimkrieg, unter dem er
in der Geschichte bekannt ist. Der Erregung
in der Heimat war nach der Einschiffung der
Truppen eine Zeit erwartungsvoller Stille ge-
folgt. Monate waren hingegangen, man hatte
wenig gehört; die Spannung war allmählich
erlahmt, das Leben ging seinen gewohnten
Lauf. Dann brachte die Zeitung vom 1. Oktober die Kunde von der Schlacht an der Alma,
die am 20. September die Russen zum Rück-
zug genötigt hatte. Am 8. Oktober erschien
im Staatsanzeiger die Liste der Toten und
Verwundeten; Tausende drängten sich an den
Ausgabestellen, bleich von angstvoller Erwartung, und griffen mit zitternder Hand nach

dem verhängnisvollen Blatt. Da standen Freude und Trauer dicht nebeneinander; herzliche Teilnahme schloß die Menschen zusammen; England fühlte sich als eine große Familie. Immerhin, es war ein Sieg, den die Zeitungen meldeten, und hinter der Siegesfreude der Nation mußte die Familientrauer der einzelnen zurücktreten. Wenn nur nicht gleichzeitig mit der Siegesbotschaft auch andere Dinge in der Heimat ruchbar geworden wären, so ängstlich man sie auf dem Kriegsschauplatz zurückzuhalten suchte. In Englands Siegesfreude mischte sich Zorn, Entrüstung und Trauer über das, was seine braven Soldaten leiden mußten, nicht auf dem Schlachtfeld, sondern im Lazarett. Schon im Juli war die böse Kunde gekommen, daß im Lager in Warna die Cholera ausgebrochen sei: 600 Mann hatte durch sie allein die Garde verloren; von einem einzigen Kriegsschiff hatte man 105 Leichen in die See geworfen; fast die ganze Mannschaft lag darnieder; nur die Offiziere blieben gesund und pflegten die Soldaten wie eine Mutter ihre Kinder. Und nun brachte die Schlacht an der Alma dem englischen Heer über 2.000 Tote und Verwundete.

Man hörte, daß sofort nach der Schlacht 800 und dann ein zweiter Transport von 900 Verwundeten und Kranken in die Spitäler nach Skutari – gegenüber von Konstantinopel – gebracht worden seien. Die Nation war sofort zu jeder Hilfe bereit. Aber sie mußte zuerst einmal zu ihrem Schmerz und ihrer Beschämung erfahren, daß in den wilden Nöten des Krieges nur die Hilfe wirklich Hilfe ist, die vorher sorgfältig bereitgehalten ist für die böse Stunde. Der Kriegsberichterstatter der „Times", William Howard Russell, meldete nach Hause: „Die gewöhnlichsten Krankenhausbedürfnisse fehlen; nicht die geringste Sorge für Anstand oder Reinlichkeit; der Gestank ist schaudererregend. – Nach allem, was ich beobachten kann, sterben die Leute dahin, ohne daß die geringste Anstrengung gemacht wird, sie zu retten. Da liegen sie auf dem Boden, gerade so, wie ihre Kameraden sie mit sanfter Hand niedergelegt haben; auf ihrem Rücken haben sie die Ärmsten vom Feldlager hergetragen mit der zartesten Sorgfalt, aber sie durften eben nicht bei ihnen bleiben."

Wie sind solche Zustände möglich? Wie kann man so leichtfertig in einen Feldzug gehen? So fragte man in England mit Schmerz und Empörung, so fragen wir mit Verwunderung und Befremden. Aber so rasch die Fragen sich einstellen, die Antwort ist nicht so leicht gegeben, und niemand konnte damals die wirklichen und letzten Ursachen des mannigfachen Unglücks aufzeigen.

Einzelne Berichte, unzusammenhängende Behauptungen, aufregende Einzelheiten gelangten durch Briefe und Zeitungen zur Kenntnis des Publikums; Anklagen und Verdächtigungen schwirrten durch die Luft, ohne daß man doch feste Anhaltspunkte dafür gehabt hätte. Es ist begreiflich, wenn die alarmierenden Schilderungen auch manche Übertreibungen enthielten: Wer nicht vermöge seiner amtlichen Stellung die Pflicht fühlte, die Ehre der Verwaltung zu retten, der hielt es vorerst einmal für das Nötigste, Lärm zu schlagen, je vernehmlicher, desto besser. Die leitenden Ärzte sahen die Sache freilich in einem anderen Licht: Sie hatten die Zustände des spanischen Feldzuges unter Wellington (1809 bis 1814) in Erinnerung, in dem für die Kranken und Verwundeten überhaupt noch nichts geschehen war, und so fanden sie die Lazaretteinrichtungen am

Bosporus, über die andere Leute die Hände rangen, vergleichsweise vollkommen. Der Chefarzt in Ṣkutari trat den Behauptungen der „Times" entgegen mit der Versicherung, „daß jede Vorbereitung, die fürsorgliche Menschenliebe zu ersinnen vermochte, zur Stelle sei, um das Los der Kranken und Verwundeten zu erleichtern. Kein Mangel an Verbandstoffen – alles in Fülle vorhanden. Es heißt, es seien keine Vorkehrungen für die gewöhnlichsten chirurgischen Operationen getroffen gewesen – diese Behauptung ist in allen Einzelheiten falsch. – Niemals ist solch ein Gewebe von irreführenden Behauptungen fabriziert worden. – Es ist äußerst kränkend, daß ein Blatt von so anständigem Charakter wie die ‚Times' so völlig falsche Angaben verbreitet." – Tatsache ist jedenfalls, daß die alarmierenden Berichte der „Times" nicht aufhörten und daß sie ihre Wirkung taten. Es kam eben gar sehr auf den Standpunkt an, auf den man sich stellte. Einiges war doch bald wenigstens in groben Umrissen zu erkennen, mochte es sich nun so oder so oder gar nicht erklären lassen. Zunächst einmal hatte das Verpflegungswesen, freilich eines der schwierigsten Stücke in einem Krieg, völlig versagt. Man hörte wohl, daß Kleidungsstücke, Lebensmittel und Sanitätsmaterial in den Schiffen unterhalb der Munition verstaut lagen, und als man es brauchte, konnte man nicht dazu gelangen. Andere Vorräte verdarben irgendwo in einem Hafenplatz am Bosporus oder warteten auf Auslieferung. Die Folge war, daß nicht nur an Nahrung und Kleidung der bitterste Mangel war, sondern daß die Ärzte oft nicht einmal Scharpie (den damaligen zweifelhaften Ersatz für Verbandwatte) und Binden zur Verfügung hatten, von anderen Lazarettbedürfnissen gar nicht zu reden. Aber das Pflegepersonal war nicht minder ungenügend: Die Zahl der Feldärzte war viel zu gering (man rechnete aus, daß in Skutari auf 250 Kranke nur ein Arzt komme), und zu ihrer Unterstützung gab es nur die ungelernten Krankenwärter, meist altgediente, völlig verbrauchte Leute, die – von allem andern abgesehen – meist nicht viel weniger übel daran waren als die, zu deren Pflege sie bestellt waren. Die traute Gestalt der pflegenden Schwester, ohne die wir uns ein Feldspital nicht denken können, war in den englischen Lazaretten unbekannt. Dies war um so schmerzlicher und konnte um so weniger als etwas Unabänderliches hingenommen werden, als man bei den französischen Verbündeten die „Barmherzigen Schwestern" mit freundlichem Gesicht und linder Hand ihres Amtes walten sah. Warum hatte England keine solche hilfreichen Frauen? Da kam jedem ganz von selbst das Gelübde: Ein künftiger Krieg soll uns besser gerüstet treffen! Aber das war ein schlechter Trost für die leidenden Landsleute da draußen im fernen Osten! Konnte man denn daran denken, noch für die Dauer dieses Feldzugs Abhilfe zu schaffen? War es nicht ein unsinniger Gedanke, jetzt geschwind eine Truppe von Krankenpflegerinnen ins Feld senden zu wollen, da jede Vorarbeit dazu fehlte? – Es gab einen Mann auf dem Kriegsschauplatz, der sich sträubte, das „zu spät!" das letzte Wort sein zu lassen. Es war der oben genannte Russell, der Berichterstatter der „Times". Er sandte einen Bericht nach Hause, der die namenlosen Leiden der Verwundeten in lebhaften Farben schilderte, und dann fuhr er fort – und wie ein Alarmsignal, wie eine Sturmglocke tönte es über Land und Meer hinüber in die Heimat: „Gibt es denn keine opferbereiten Frauen unter uns, die fähig sind und willig, auszuziehen zum Dienst an den verwundeten und kranken Soldaten in den Spitälern zu Skutari? Ist niemand von den Töchtern Englands in dieser Stunde dringendster Not bereit zu solch einem Werke der Barmherzigkeit? – Frankreich hat seine ‚Barmherzigen Schwestern' reichlich ausgesandt, 50 an der Zahl, und sie sind zur Stelle an den Betten der Verwundeten und Sterbenden und spenden an Linderung und Erleichterung, was die weibliche Hand allein vermag. – Müssen denn wir hinter den Franzosen so weit zurückbleiben an Opferfähigkeit und Hingabe, in einem Werk, das Christus so ausdrücklich gesegnet hat als eines, das ihm selbst getan sei: Ich bin krank gewesen, und ihr habt mich besucht?"

Dieser Notschrei, bestätigt und verstärkt durch manchen Brief vom Kriegsschauplatz, konnte nicht ohne Wirkung bleiben. Nicht nur, daß sofort namhafte Geldbeträge einzugehen begannen – gleich 40.000 Mark an einem einzigen Tag; der nächste Erfolg war, daß die Behörde überschwemmt wurde mit Zuschriften von Frauen aller Klassen und Stände, die sich zur Aussendung ins Kriegslazarett bereit erklärten. Ein ganzes Heer hätte man heut oder morgen abgehen lassen können – aber es war ein Heer ohne Ausbildung, ohne Organisation, ohne Führer. Wir dürfen uns übrigens nicht denken, daß es den maßgebenden Persönlichkeiten beim Ausbruch des Krieges einfach nicht eingefallen wäre, nach weiblichem Pflegepersonal Umschau zu halten. Die Frage war im Publikum besprochen worden; aber die Armeeleitung hatte den Gedanken abgelehnt. Man hatte mit Pflegerinnen im Krieg bei früherer Gelegenheit Erfahrungen gemacht. Mit dem Material, das man bisher bekommen hatte, wollte man es nicht wieder versuchen. Die Durchschnittspflegerin war tatsächlich kaum mehr als eine Marketenderin, ohne jede Bildung, ohne Vorbereitung für ihren Beruf, ohne jegliches Interesse für denselben. In der Regel war sie auch dem Trunk ergeben und erwies sich dem Elend der Spitäler gegenüber eher noch roher und unempfindlicher als die Männer. In Erwägung dieser Verhältnisse hatte man auf Kriegspflegerinnen grundsätzlich verzichtet. – Als nun aber der dringende Hilferuf kam und sich ein Heer ganz andersartiger, edelmütiger und warmherziger, aber freilich der Mehrzahl nach kaum brauchbarer Frauen zum Dienst drängte, da war die eine große und schwere Frage: Findet sich eine Frau, die das Werk in die Hand nehmen und eine Gruppe von Pflegerinnen führen und leiten kann? Der Leser weiß die Antwort auf diese Schicksalsfrage; es war Englands Glück, daß ein Mann in hervorragender Stellung sie auch wußte: Sidney Herbert. Denn dieser Mann war seit 1853 nicht mehr der Schloßherr von Wilton Haus, der seinen menschenfreundlichen Liebhabereien lebte; er war in das Kriegsamt zurückgekehrt, dem er schon einmal angehört hatte; er hatte auch seine Reformpläne wieder mitgebracht und sofort deren Durchführung in Angriff genommen; die bessere Bildung der Soldaten, die Hebung des Heeres in jeder Hinsicht war das Ziel seiner rastlosen Bemühungen. Es ist nicht ganz leicht zu sagen, was die amtliche Stellung Herberts bedeutete. Uns Deutschen liegt es nahe, ihn Kriegsminister zu nennen; aber wir würden uns unter diesem Titel eine viel einflußreichere Stellung denken, als der englische „Sekretär des Kriegsamts" sie innehatte. Er war zwar der leitende Mann des „Kriegsamts", und er war als solcher auch Minister, aber mit dem Krieg hatte sein Amt an sich nichts zu tun; es war lediglich eine Stelle für Finanzen und Rechnungswesen. Hatte er sich aber schon bisher als Gutsherr um die Armen und Kranken gekümmert, als Minister beim Kriegsamt war er über die Obliegenheiten seines Dienstes hinausgreifend zum Soldatenfreund geworden. Als der Ausbruch des Krieges seine Bemühungen zum Wohle des Heeres jählings abgebrochen hatte, fand er bald ein neues Feld seiner segensreichen Tätigkeit: Die Kriegsspitäler im Osten schrien nach einem Manne, der sich mit Geschick, Tatkraft und warmem Herzen ihrer annahm.

Nach dem, was wir über die gegenseitigen Beziehungen zwischen Sidney Herbert und Florence Nightingale gehört haben, kann es uns nur natürlich erscheinen, daß der Minister bei dem Aufruf der „Times" und bei der Notlage, die durch die gehäuften Anmeldungen von Frauen zum Pflegedienst geschaffen war, sofort und allein an seine Freundin in der Harleystraße dachte; er für sich war keinen Augenblick zweifelhaft, daß sie die richtige Frau für diese einzigartige Aufgabe sei. Aber man durfte doch in so verantwortungsvoller

Sache nicht allzu rasch zufahren. Mr. Herbert kannte sein englisches Publikum zu gut, als daß er auf sofortige Zustimmung hätte rechnen wollen, wenn eine Dame von Stand und Bildung auszog, um den gemeinen Soldaten zu pflegen. Da gab es jedenfalls eine leidenschaftliche, vielleicht eine beißende und verletzende Kritik. Durfte er seine Freundin, durfte er deren Eltern und Familie dieser Möglichkeit aussetzen? Aber gewichtiger als dieses Bedenken war für den Minister die Frage, ob es möglich sein werde, der Führerin der Kriegspflegerinnen die Stellung zu geben, deren sie zur Ausübung ihrer Sendung bedurfte. Wollte man die Schwestern einfach der bisherigen Leitung der Hospitäler, in die sie kamen, unterstellen, so war der oberste Zweck des ganzen Planes, nämlich die Durchführung einer gründlichen Reform des ganzen Sanitätswesens, von vornherein vereitelt. Sollte aber Miß Nightingale wirklich einen neuen Grund legen, so mußte ihr innerhalb des militärischen Organismus eine Stellung gegeben werden, die um ihrer Einzigartigkeit willen auf mancherlei Widerstand bei den militärischen und ärztlichen Autoritäten stoßen mußte. Und in jedem Fall forderte solch eine einzigartige Stellung, wenn sie nicht zur Posse oder gar zur ernsten Gefahr werden sollte, eine einzigartige Persönlichkeit. Die feste Überzeugung davon, daß eine solche in Florence Nightingale gefunden sei, zusammen mit der dringenden Not der Zeit, das hat beim Minister den Ausschlag gegeben. Es gelang ihm, bei seinen Kollegen in der Regierung mit seinen Vorschlägen durchzudringen; sie hatten ja keine andere Wahl, als mit Freuden zuzugreifen, wo sich eine Möglichkeit der Rettung aus den peinlichen Verlegenheiten bot. Und nun setzte sich Mr. Herbert – es war am 15. Oktober 1854 – hin und schrieb an seine Freundin einen Brief, der es wert ist, daß wir das Wichtigste aus seinem Inhalt wörtlich kennenlernen.

„Liebe Miß Nightingale!
Sie werden aus den Zeitungen wissen, daß im Kriegsspital in Skutari großer Mangel an Pflegerinnen ist. Die übrigen Mängel, die namhaft gemacht worden sind, nämlich an ärztlichem Personal, an Scharpie, Bettlaken und dergleichen, müssen, wenn sie je bestanden haben, bis zur

Stunde beseitigt sein, da die Zahl der Sanitätsoffiziere so vermehrt worden ist,
daß jetzt auf je 95 Mann in der gesamten
Armee ein Arzt kommt; das ist fast doppelt soviel, als was wir je zuvor gehabt haben. Außerdem sind noch 30 weitere
Wundärzte vor drei Wochen abgegangen,
die also jetzt in Konstantinopel sein müssen. Ein weiterer Ersatz ist am Montag
abgereist, und nächste Woche geht wieder
ein Trupp in See. Was die Spitalbedürfnis-
se betrifft, so sind solche in verschwende-
rischer Fülle abgeschickt worden, tonnen-
weise — : 15.000 Paar Bettlaken, Arzneien,
Wein, Stärkemehl im gleichen Maßstab;
und die einzig mögliche Erklärung für einen Mangel in Skutari, wenn er je vorhanden ist, liegt in dem Umstand, daß die
Masse der Vorräte nach Warna kam und
nicht zurückgesandt wurde, als die Armee
nach der Krim aufbrach; aber das ist ein
Fehler, der innerhalb vier Tagen auszu-
gleichen war.

Der Mangel an weiblichem Pflegepersonal ist aber außer Zweifel; es sind überhaupt nie andere als männliche Wärter in

Militärspitälern zugelassen worden. Es wäre auch eine Unmöglichkeit, eine große Schar von Pflegerinnen bei einer Feldarmee mitzuführen. Da nun aber in Skutari ein festes Lazarett besteht, so liegt kein militärisches Bedenken gegen Einführung von solchen vor, und ich habe die Zuversicht, daß sie sehr segensreich wirken würden; denn es kann nicht anders sein, als daß die Krankenwärter sehr rauh und in einer Lage wie der jetzigen größtenteils auch ohne jede Erfahrung sind. Ich erhalte zahlreiche Anerbietungen von Damen, die hinausziehen wollen; aber es sind solche, die keine Ahnung von einem Spital haben und keinen Begriff von den Pflichten, die sie übernehmen; sie würden, wenn es ernst würde, entweder vor der Aufgabe zurückschaudern oder aber sich als gänzlich unnütz erweisen und in der Folge, was noch schlimmer ist, ein wirkliches Hindernis sein. Auch würden diese Damen kaum ein Verständnis dafür haben, daß zumal in einem Militärspital unbedingter Gehorsam eine unumgängliche Notwendigkeit ist."

Es werden die Namen einiger Damen genannt, die sich angeboten haben, eine Pflegerinnentruppe zu organisieren, über deren Fähigkeit zu solcher Aufgabe der Minister aber seine Zweifel hat. Dann fährt er fort:

„Es gibt meines Wissens nur *eine* Frau in England, die zur Organisation und Oberleitung eines solchen Werkes die Fähigkeit besitzt. Ich bin mehr als einmal auf dem Punkt gestanden, Sie wenigstens vorläufig zu fragen, ob Sie, falls der Versuch gemacht würde, die Leitung übernehmen wollten. Die Auswahl der gewöhnlichen Pflegerinnen wäre keine leichte Sache; das weiß niemand besser als Sie." Mr. Herbert deutet einige Schwierigkeiten an: es sei außer Kenntnissen und gutem Willen auch ein großer, persönlicher Mut erforderlich; es werde nicht leicht sein, Reibungen mit den ärztlichen und militärischen Autoritäten zu vermeiden. Darum müsse man eine Person mit Talent und Erfahrung für leitende Stellungen haben, sonst werden die Pflegerinnen nach ein paar Tagen aus dem Spital hinausgeworfen werden von denen, deren Arbeit sie stören und in deren Befugnisse sie eingreifen würden. — „Meine Frage ist nun einfach die: Wollen Sie der Bitte Gehör schenken, hinauszuziehen und die Leitung der ganzen Sache zu übernehmen? Sie hätten natürlich unbeschränktes Verfügungsrecht über alle Pflegerinnen, und ich denke, ich könnte Ihnen die volle Unterstützung und Mitarbeit von seiten des Sanitätspersonals sichern; dazu hätten Sie das unbedingte Recht, sich an die Regierung zu wenden in allem, was Ihnen für den Erfolg Ihrer Sendung erforderlich schiene." – Der Minister übt keinerlei Druck auf Florence Nightingale aus; aber er sagt deutlich und nachdrücklich, was auf dem Spiele steht. „Ich darf Ihnen nicht verhehlen, daß von Ihrer Entscheidung das endgültige Gelingen oder Scheitern des Planes abhängen wird. Ihre persönlichen Eigenschaften, Ihre Kenntnisse, Ihre Fähigkeiten in Verwaltungsangelegenheiten, dann aber auch Ihre gesellschaftliche Stellung geben Ihnen für eine solche Aufgabe Vorteile, die niemand anders besitzt. Im Falle des Gelingens wird für jetzt und für alle Zukunft ungemein viel Gutes zustande kommen. Außerdem wird dann ein Vorurteil durchbrochen sein und ein Vorgang geschaffen, aus dem für alle Zeiten in steigendem Maße Gutes hervorgehen wird. Ich wage es noch nicht, Ihrer Antwort mit Zuversicht entgegenzusehen. Wenn es ein Ja wäre, bin ich sicher, daß Herr und Frau Bracebridge Sie begleiten würden, um Ihnen alle nötige Bequemlichkeit zu schaffen, wie es eben nur die Gesellschaft und Freundschaft von Frau Bracebridge zu gewährleisten vermöchte. – Mein Brief ist sehr lang geworden, denn die Sache liegt mir sehr am Herzen. Meine Frau schreibt an unsere gemeinsame Freundin Frau Bracebridge, um sie von meinem Schritt zu unterrichten. Ich gehe morgen früh nach London zurück. Kann ich zwischen 3 und 5 Uhr zu Ihnen kommen? Darf ich um eine Zeile ins Kriegsamt bitten?" – Herbert kommt zum Schluß noch auf die Einwilligung der Eltern zu sprechen und versichert, daß es ihr an keiner Garantie für persönliche Stellung und Bequemlichkeit fehlen solle. „Ich weiß, daß diese Dinge Ihnen selbst nicht schwer wiegen, außer sofern sie für die Sache von Bedeutung sind; aber sie sind an und für sich nicht unwichtig und sie sind von größter Wichtigkeit für die, welche das Recht haben, sich um Ihre persönliche Stellung und

Bequemlichkeit zu kümmern. Ich weiß, Sie werden zu einer richtigen und weisen Entscheidung kommen. Gott gebe, daß sie meiner Hoffnung die Erfüllung bringe!"

Florence Nightingale hatte inzwischen den Aufruf an die Frauen Englands gelesen; sie las jeden Morgen in der Zeitung von neuer Not und wachsendem Elend. Sie wußte bald, daß sie sich dem Vaterland nicht entziehen könne. Einige Männer und Frauen, denen die Not der armen Soldaten auf der Seele brannte, hatten sich zur Aussendung einer kleinen Anzahl von Kriegspflegerinnen nach Skutari zusammengetan. Florence sollte die Leitung übernehmen. Sie wollte für die Kosten ihrer eigenen Ausreise und für eine zweite Pflegerin aufkommen; eine andere Dame rüstete drei weitere aus. Auch für Verpflegung und Unterbringung wollte sie selbst sorgen; der Regierung sollten keinerlei Kosten erwachsen. Am 14. Oktober, einen Tag ehe der Minister seinen Brief schrieb, hatte Florence zur Feder gegriffen und dem Freunde durch einen Brief an seine Frau ihre Dienste angeboten. „Ich will nicht sagen", schrieb sie, „daß ich den Behauptungen in den ‚Times' Glauben schenke;

aber ich glaube, daß wir den unglücklichen Verwundeten von Nutzen sein können." Sie bittet dann Mr. Herbert, ihre Gruppe den leitenden Männern in Skutari zu empfehlen; sie wünscht, Frau Herbert möge ihretwegen an die Frau des englischen Gesandten in Konstantinopel schreiben: „Dies ist keine Dame, sondern eine wirkliche Krankenpflegerin, und sie hat praktische Tätigkeit hinter sich." Die beiden Briefe kreuzten sich. Die Sache war damit entschieden; denn wenn auch Florences Anerbieten etwas anderes, weit Geringeres meinte, als die Aufforderung des Ministers – die Wege der Vorsehung waren ihr klar.

Am 16. Oktober traf sich, wie verabredet, Herbert mit Miß Nightingale, und die Sache wurde zwischen ihnen fertig gemacht. Die Damen des Komitees vom Harleyhaus – Frau Herbert war unter ihnen – gaben bereitwilligst ihre Vorsteherin frei. Herr und Frau Bracebridge täuschten das Vertrauen nicht, das Herbert in sie gesetzt hatte. Drei Tage später hatte Florence das amtliche Schreiben des Kriegsamts in der Hand, das sie zur „Vorsteherin der weiblichen Pflegeabteilung in den englischen Kriegsspitälern in der Türkei" bestellte.

Der Auszug
der „Nachtigallen".

In einer Woche hat Florence Nightingale ihre Mobilmachung vollendet – ein Heerführer, der seine Truppe erst anwerben mußte, ja, der eine Truppe zu schaffen hatte, die es bis dahin noch gar nicht gegeben hatte. Diese erste Leistung der neugewonnenen Oberin der Kriegspflegerinnen ist so groß und bedeutsam wie irgendeine, die sie später vollbracht hat. Jedenfalls konnte man nach dieser ersten Probe ihrer Fähigkeit mit Recht alles von ihr erwarten.

Während sie von den Vorbereitungen zur Ausreise fast Tag und Nacht in Anspruch genommen wurde, war die Öffentlichkeit in Zeitung und Salon geschäftig, sich über die Persönlichkeit der Dame zu unterrichten, die so plötzlich der Mittelpunkt des Interesses geworden war. Das Kriegsamt hatte sie dem

Publikum vorgestellt als „eine Frau, die größere praktische Erfahrung in Hospitalverwaltung und Krankenpflege besitze als irgendeine andere Dame im Lande". Und nun ging die Frage von Mund zu Mund: Wer ist Miß Nightingale? – und die Antworten lauteten zum Teil recht seltsam – sie waren eine eigentümliche Mischung von übertriebener Verherrlichung und mehr oder weniger geschickter Verteidigung gegen erwartete Angriffe. Da war in den „Times" zu lesen: Miß Nightingale sei eine Dame von einzigartigen Eigenschaften, angeborenen wie erworbenen. „In den alten Sprachen, in höherer Mathematik, in Kunst, Wissenschaft und Literatur im allgemeinen sind ihre Kenntnisse außerordentlich. Es gibt kaum eine moderne Sprache, die sie nicht versteht; Französisch, Deutsch und Italienisch spricht sie so fließend wie ihre englische Muttersprache. Sie hat alle Nationen Europas besucht und studiert und ist den Nil hinaufgefahren bis zum obersten Katarakt. Jung – etwa im Alter unserer Königin – anmutig, weiblich, reich, leutselig wie sie ist, übt sie einen einzig sanften und nachhaltigen Einfluß auf alle, mit denen sie in Berührung kommt. Ihre Freunde gehören allen Klassen und Richtungen an; aber ihr glücklichster Platz ist zu Hause, inmitten eines sehr großen Kreises von feingebildeten Verwandten und in schlichtestem Gehorsam gegen ihre Eltern, die mit stolzer Bewunderung auf die Tochter schauen." In einer anderen Beschreibung heißt es: „Miß Nightingale gehört zu den Menschen, die Gott für große Aufgaben bestimmt hat. Man kann sie keine zwei Sätze sprechen hören, nein, man kann sie nicht ansehen, ohne den Eindruck zu bekommen, daß sie eine außergewöhnliche Persönlichkeit ist. Einfach, intelligent, holdselig, voll von Liebe und Wohlwollen, ist sie ein bezauberndes Wesen, die vollkommene Frau. Sie ist groß und bleich. Ihr Gesicht ist ungemein lieblich; aber über all das geht die Herrlichkeit der Seele, die in jedem Gesichtszug triumphierend hervorbricht. Nichts kann lieblicher sein als ihr Lächeln: Es ist wie ein Sonnentag im Sommer." – „Ein paar ganz gescheite Leute werden gewiß solche Begeisterung, die ihnen verrückt oder zum mindesten unangebracht erscheint, verdammen, bespötteln oder bemitleiden. Aber das treue Herz des Landes wird ihre Sprache verstehen, dort wird man fühlen, daß es unter Englands stolzesten und reinsten Töchtern in diesem Augenblick keine gibt, die auf so hoher Zinne steht wie Florence Nightingale." – Man zittert unwillkürlich für einen Menschen, der beim Beginn seiner Lebensprobe der Welt in solcher Weise vorgestellt wird – wer kann solche Loblieder rechtfertigen? Nun, Florence Nightingale hat sich gewiß die Zeit nicht genommen, auf diese Stimmen zu lauschen; sie hatte anderes zu tun. Aber es ist ein wohltuendes Gegengewicht zu den Überschwenglichkeiten, daß auch der Volkswitz sich der Sache annahm. Man ließ sich den naheliegenden Scherz nicht entgehen, von den „Nachtigallen" und ihrem süßen Gesang zu reden. Das bekannte politische Witzblatt, der „Punch", behandelte sie in Wort, Lied und Bild. Er vermutete etwas boshaft, daß manche von den lieben Nachtigallen, die ausziehen, um die Soldaten zu pflegen, sich im geeigneten Zeitpunkt in „Ringeltauben" verwandeln werden. Da gab es Bilder, auf denen man die „Frauenvögel" (dies der englische Ausdruck

für das Marienkäferchen) über den Kranken-
betten schweben sah; oder es wurde ein anderes Wortspiel mehr oder weniger geistreich
benützt (es kann zufälligerweise auch deutsch
ungefähr wiedergegeben werden): eine Nachtigall mit dem Kopf einer Krankenschwester,
die einen Speisenapf (unsere Soldaten nennen ihn „Schlag") trägt mit der Etikette:
Wickel, Einreibung, Haferschleim – und dazu die Überschrift: „Der Schlag der Nachtigall". Ein Gedicht des „Punch" ist volkstüm-
lich geworden: „Der Sang der Nachtigall an
den kranken Soldaten":

Hör, Soldat, den süßen Schall
einer holden Nachtigall!

worin dann die gesamte ärztliche Behandlung, einschließlich Pillen und Blutegel, in
Sang und Klang aufgelöst wird. – All diese
Beschäftigung mit den auf den Kriegsschauplatz abgehenden Frauen war wohlwollend, ja
bewundernd; es fehlte aber auch nicht an einer Minderheit von abfälligen Urteilen über
das ganze Unternehmen: es sei unpassend,
daß Frauen Soldaten pflegen; es sei ein Un-

sinn, und sie werden alle innerhalb Monats-
frist als Invaliden nach Hause kommen.

Treulich unterstützt von Mr. Herbert und
seiner Frau warb unterdessen Florence Nightingale in aller Stille ihre Leute an. Sie dachte
an 20 im ganzen; Herbert war der Meinung,
die neue Sache sofort auf einen breiteren Boden stellen zu sollen. Schließlich einigte man
sich auf 40. Man wandte sich an die wenigen
damals vorhandenen Anstalten für Pflegerinnen und setzte Aufrufe in verschiedene Zeitungen. Die Folge war ein neuer Massenan-
griff auf das Kriegsamt, und Mr. Herbert
hatte zunächst die Aufgabe des Gideon, von
den Tausenden die meisten wieder zur Heimkehr zu bewegen: „sonst hätten wir nicht
bloß viele gleichgültige Pflegerinnen, sondern auch einen Haufen hysterische Kranke."
Der erste Aufruf führte so überhaupt nicht
zum Ziel; es meldeten sich edle und warm-
herzige Frauen in Menge; aber sie hätten
eben alle erst für den neuen Beruf ausgebildet werden müssen, und dazu war in dem gegenwärtigen Augenblick schlechterdings keine Zeit. Man mußte also versuchen, ausgebildete Pflegerinnen zu bekommen, die

sofort abreisen konnten. Miß Stanley (wir werden noch von ihr hören), die mit Frau Bracebridge in Mr. Herberts Haus in London den Ansturm der Bewerberinnen aushielt, schreibt über die schwierige Arbeit: „Hier sitzen wir den lieben langen Tag. Ich wünschte, die Leute, die sich später über die ausgewählten Frauen beklagen werden, hätten die Gesellschaft sehen können, aus der wir auszulesen hatten. Ganz London wurde abgesucht. Wir schickten unsere Bevollmächtigten nach allen Richtungen, an jeden denkbaren Ort. – Wir schämten uns, solche Frauenzimmer im Hause zu haben, wie sie da unter anderen kamen. Nur eine einzige sprach einen edlen Beweggrund für ihr Gehen aus. Sonst war das Geld das einzige, das lockte.“ Da hatte Florence den Mut, das Selbstverständliche zu tun: sie wandte sich auch an katholische Anstalten mit der Bitte um Kriegsfreiwillige. Nichts scheint uns natürlicher, ja schöner, als daß bei diesem Werk der helfenden Liebe der Gegensatz der Konfessionen zu schweigen hatte. In dem England jener Tage war man im ganzen wenigstens noch nicht so weit. Das alte Feldgeschrei, das freilich am rechten Ort oft dringend nötig war: „Keine Papisterei!", wurde auch hier erhoben, und es fehlte nicht an fanatischen Geistlichen, die in Florence Nightingale eine verkappte Nonne witterten, die dem Papst versprochen hätte, die englischen Soldaten der alleinseligmachenden Kirche zuzuführen. Immerhin, es war keine Zeit, auf derlei Warnungsstimmen ernstlich zu hören: die Not der Brüder schrie zum Himmel; helfe, wer helfen kann! – Es ist eigentümlich zu hören, daß die von Elisabeth Fry gegründete ausgesprochen protestantische Anstalt, an die sich Florence zu allererst gewandt hatte, die Bedingung ablehnte, ihre Schwestern völlig aus dem Anstaltsverband zu entlassen und sie gänzlich mit militärischem Gehorsam der Oberleitung des Kriegspflegeverbands zu unterstellen; auch das protestantische St. Johns-Haus in Westminster, der katholisierenden hochkirchlichen Richtung angehörend, zögerte wenigstens einige Tage, während der römisch-katholische Bischof von Southwark (Südlondon) sofort seine Einwilligung gab und seine Schwestern von allen Verpflichtungen gegen seine Person entband. Miß Nightingale blieb in diesem Punkte fest; sie hatte soviel richtiges Gefühl für die Notwendigkeiten des Krieges, um zu wissen, daß sie sich davon nichts abmarkten lassen durfte. Um alle konfessionellen Reibungen zu vermeiden, wurde vereinbart, daß die Schwestern sich womöglich auf den Dienst bei Soldaten ihrer Konfession beschränken sollen; jedenfalls sollten sie über religiöse Dinge nur mit ihren Glaubensgenossen reden. Sidney Herbert sagte in einer Äußerung gegen die konfessionelle Erregung: „Es mag dem englischen Volk ein befriedigendes Gefühl sein, daß eine Anzahl warmherziger britischer Frauen verschiedenen Glaubens, aber einig in dem Verlangen, praktisch Gutes zu tun, ausgezogen sind in *einem* Schiff, als *eine* Truppe, mit *einem* Ziel, ohne irgendwie unseren nationalen Protestantismus zu verleugnen. 38 Pflegeschwestern auf dem Wege nach Skutari sind treuere Nachfolger des Apostels, der bei Melite Schiffbruch litt, als die gleiche Anzahl von Kardinälen es sein könnte. Möge der Krieg uns noch manche solche Lehren geben!"

Miß Nightingale hatte bei ihrer Auswahl nach andern Dingen als nach der Konfession zu fragen, und die Entscheidung war durchaus nicht immer leicht. Es wurde jegliche Vorarbeit gewissenhaft benützt. So hatte z. B. eine gewisse Miß Skene während einer Choleraepidemie in der Universitätsstadt Oxford eine Gruppe von Pflegerinnen ausgebildet; sie bot nun ihre Dienste für Oxford an, und das oben erwähnte Ehepaar Bracebridge begab sich dorthin, um die Bewerberinnen zu sehen und zu prüfen. Da standen sie in Reih und Glied den Wänden entlang in Miß Skenes Zimmer. Es mag allerlei Zwischenfälle dabei gegeben haben. Frau Bracebridge scheint etwas raschen Temperaments gewesen zu sein; sie überfiel die Mädchen der Reihe nach mit plötzlichen Fragen, und wenn sie darauf in der Eile keine ganz befriedigende Antwort bekam, dann hieß es sofort: „Die ist nichts, sie soll abtreten!" – so daß Miß Skene nur zu tun hatte, um Balsam auf die Wunden der also Abgewiesenen zu legen. Florence Nightingale selbst war übrigens von ganz anderer Art: Sie verhandelte nachher noch schriftlich mit Miß Skene über jede, die vorgeschlagen war; sie behandelte alles mit größter Ruhe; sie vergaß nichts; sie sorgte

z. B. schon jetzt für die Anlegung eines Teils des Gehalts jeder Pflegerin auf einer Sparkasse. Sie überraschte überhaupt jedermann, der in diesen Tagen mit ihr zu tun bekam, durch ihre hervorragende Organisationsfähigkeit und Beherrschung aller Einzelheiten. Auch sie konnte aber recht streng und kurz angebunden sein, wenn es sein mußte, und manche Bewerberin aus hochfeiner Familie hat sich bitter beklagt über die kühle Ablehnung, die sie erfuhr. War doch bei manchem verwöhnten Dämchen die Begeisterung mit einemmal verflogen, wenn die Frage erörtert wurde, ob auch Tee, Zucker und Porter mitzunehmen gestattet sei – ja an einer Flasche Porter konnte wohl einmal die ganze Sache scheitern!

Der Zustrom von Bewerberinnen hörte auch nach der Abreise der Gruppe nicht auf. – Als die sehr bunte Liste bis zur Ziffer 276 gestiegen war, mußte man daran denken, endgültig Schluß zu machen.

38 Pflegerinnen waren es, die Florence innerhalb sechs Tagen mobil machte. 14 waren Schwestern der „Kirche von England", darunter 6 vom St. Johns-Haus; dazu kamen 10

katholische Barmherzige Schwestern und 3 aus der schon vor Herberts Anfrage gebildeten Gruppe; die übrigen 11 waren aus der Menge der Einzelbewerberinnen ausgewählt. Das Ehepaar Bracebridge, ein Geistlicher und ein Kurier gehörten noch zu der Gesellschaft. Am Abend vor der Abreise versammelte sie sich im Speisesaal des Hauses Herbert, und der Minister hielt eine Ansprache an die Reisefertigen. Jetzt sei noch die Möglichkeit, zurückzutreten, wer aber mit ausreise, sei Miß Nightingale in allen Dingen zu unbedingtem Gehorsam verpflichtet. Sie blieben alle, gestärkt durch die zu Herzen gehenden Worte des Ministers, erfreut durch die sonnige Heiterkeit seines Wesens in ernster Stunde.

Florence setzte alle in Erstaunen durch ihre völlige Ruhe. Sie erschien inmitten des rasenden Gehetzes dieser Tage so beherrscht, wie wenn sie sich nur zu einem Spaziergang anschickte. Es gibt vielleicht einen kleinen bezeichnenden Strich zum Bilde der Frau eigenen Gepräges, wenn die Schwester erzählt, wem die einzige Träne gegolten hat, die Flo in dieser furchtbaren Woche vergoß. Sie hatte einst auf der Akropolis in Athen einem Jungen eine kleine Eule abgekauft, die eben vom Parthenon herabgefallen war. Das Tier wurde ihr besonderer Liebling und lebte in Embley. In der Aufregung der Mobilmachungstage hatte man vergessen, die Eule zu füttern. Die Schwester legt ihr die kleine Leiche in die Hand. „Armes kleines Tierchen", sagte sie schluchzend, „es war töricht, wie ich dich geliebt habe!" – Sie war ruhig im Sturm, weil sie geprüft hatte, während sie in der Ruhe war. In aller Stille – absichtlich unter dem Schleier der Nacht – reiste die Gesellschaft am Abend des 21. Oktober von London ab. Nur ein paar Verwandte und Freunde standen auf dem Bahnsteig und winkten den Kriegsfreiwilligen ein Lebewohl nach, die auszogen zu einem Werk so groß und so schwer, wie es damals noch niemand ahnen konnte. Daß sie mannigfachen Gefahren für Leib und Leben entgegengingen, das wußten sie freilich so gut, wie jeder Soldat es weiß, der ins Feld rückt. Dennoch, vielleicht eben darum sah man auf Florence Nightingales schönem, ruhigem Gesicht im Augenblick des Scheidens ein liebliches Lächeln; sie wollte den Eltern das Herz nicht noch einmal schwer machen.

Sie durfte an diesem entscheidenden Wendepunkt das Schöne erleben, daß die Menschen, an deren Segen ihr am meisten gelegen war, nunmehr ein volles Ja zu ihrem Wege sagten.

Die Schwester schrieb einer Freundin: „Vorher, in der Harleystraße, konnte ich nicht ruhig darüber werden, daß sie recht tue, ich meinte, es wäre daheim so viel zu tun. Aber jetzt gibt es keinen Zweifel, daß sie für dieses Werk ausgerüstet ist und daß es sonst niemand ist und daß es wirklich ein Werk ist. Ich muß sagen: Die Art und Weise, wie alle Dinge darauf hingezielt und sie dafür zubereitet haben, ist so sehr merkwürdig, daß man der Überzeugung nicht ausweichen kann, daß sie dafür bestimmt ist. Nichts von ihrem früheren Leben ist ungenutzt, alle ihre Erfahrung kommt zur Geltung, alle gesammelten Vorräte so vieler Jahre, ihr Kaiserswerth, ihr Verständnis für die römisch-katholische Art, ihre Reisen, ihr Eindringen in die Krankenhausfrage, ihr Kennenlernen so vieler verschiedener Charaktere und Menschenklassen – alles das dient so seltsam dem einen Ziel, und vieles noch, was zu sagen mir die Zeit fehlt."

Die Mutter schreibt ihrem Schmerzenskind zum Abschied: „Gott geleite Dich auf Deiner Fahrt im Dienst der Barmherzigkeit, Du mein liebstes Kind! Ich weiß, es ist sein Wille, denn er hat Dir so liebevolle Freunde gegeben, die Dir immer zur Seite stehen werden, um Dir in allen Deinen Schwierigkeiten zu helfen. Sie kamen eben in dem Augenblick, als ich fühlte, daß Du zusammenbrechen müßtest, und noch mehr Liebe wird kommen in der Stunde, da Du ihrer bedarfst. Sie sind so weise und gut, sie werden Dir sein, was niemand sonst könnte. Sie werden uns schreiben und in dieser und allen andern Sachen für Dich eintreten. Sie sind für uns ein Unterpfand für künftigen Segen. Ich bitte Dich nicht, daß Du Dich für Dich selber schonen sollst, aber für die Sache, der Du dienst."

Und noch ein gutes Wort kam ihr zu: von dem Freunde, dessen Hand sie ausgeschlagen hatte: „Meine liebe Freundin, ich höre, daß Sie im Begriff sind, nach dem Osten zu gehen. Ich bin glücklich darüber um des Guten willen, das Sie dort tun werden, und weil ich hoffe, daß Sie dabei auch eine Befriedigung für sich selbst finden werden. Ich kann es nicht vergessen, wie ich Sie früher einmal nach dem Osten ziehen lassen mußte, und hier schreibe ich Ihnen mit Ruhe über das, was Sie nun im Begriff sind zu tun. Sie können das wagen, während Sie es mit mir nicht haben wagen können. Gott segne Sie, liebe Freundin, wohin immer Sie gehen mögen!"

Schon in der Frühe des nächsten Morgens landete die Gesellschaft in Boulogne, auf dem Boden des im Krieg verbündeten Frankreich, dessen Söhne in der Schlacht an der Alma mit den Engländern Seite an Seite gekämpft und geblutet hatten. Darum wurde die Schar hier mit Begeisterung empfangen, und die dankbare Verehrung für die Opferbereitschaft der helfenden Liebe fand einen schönen, weil ungesuchten und unvorbereiteten Ausdruck. Als die Schwestern ans Land kamen, trafen sie eine Gruppe von wetterfesten Fischweibern, alten und jungen, malerisch gekleidet in rote Röcke mit buntfarbigen Busentüchern und weißen Hauben, unter denen die langen goldenen Ohrringe hervorschauten; die stürzten sich mit stürmischer Freundlichkeit auf die Schwestern, rissen ihre Koffer und Reisetaschen an sich und trugen sie im Triumph an die Bahnstation – natürlich ohne einen Sou dafür zu nehmen. Ein üppiges Frühstück wartete im Hotel – auch hier tat vom Besitzer bis zum letzten Kellner keiner die Hand auf, um etwas anzunehmen.

Beim Abschied am Zug sah man wieder die Frauen mit Tränen in den treuen, braunen Gesichtern. Sie empfahlen ihre Gatten und Söhne draußen im Feld den zarten Händen der Schwestern und winkten ihnen noch nach, als der Zug den Bahnhof verließ, mit dem Ruf: „Hoch die Schwestern!" So fallen die Mauern zwischen den Völkern!

Auf der Fahrt durch Frankreich wurde in Paris bei den Schwestern von St. Vincent von Paul eine kurze Ruhepause gemacht, denen es eine Freude war, ihre Freundin und deren Gesellschaft zu Gaste zu haben. Dann ging es weiter nach Marseille – überall wurden die „guten Schwestern" ausgezeichnet: Gepäckträger wollten sich von den Boulogner Fischweibern nicht beschämen lassen, Hotelbesitzer eiferten ihrem dortigen Kollegen nach. In Marseille ging's an Bord des spanischen Dampfers „Vectis", der die Reise nach Konstantinopel antrat.

Der Anfang der Fahrt gab eine Vorahnung künftiger Beschwerden: das Mittelmeer empfing das Schwesternschiff mit einem furchtbaren Sturm, und es wollte fast scheinen, als sollte Malta auch diesen Aposteln der Menschenliebe gefährlich werden. Doch erreichten sie die Insel wohlbehalten am 31. Oktober, und nach kurzem Aufenthalt ging es weiter um Griechenland herum der Dardanellenstraße zu.

Die Aufgabe, die für Florence schon während der Fahrt zu lösen war, dürfen wir uns nicht leicht denken: 40 Menschen in guter Stimmung erhalten. Einige Zeit später scherzt sie in einem Brief: sie habe in der Armee den Rang eines Brigadegenerals, weil 40 britische Frauensleute schwerer zu dirigieren seien als 4.000 Mann! – Jeden Abend die Schlafräume für fünf verschiedene Gattungen herrichten, ehe man sich zum Abendessen niedersetzen kann. – Aber sie leistet alles und trägt alles in wundervoller Weise, jedermann gewinnend,

Franzosen wie Engländer. Schon nach drei Tagen gemeinsamer Mahlzeiten mit den feinen Damen sind die derben Spitalpflegerinnen bereits ganz kultiviert und menschlich geworden.

Aber auch ganz andere Gedanken und Bilder zogen durch Kopf und Herz dieser Reisenden, auf welche eine ganze Welt schaute. „Gestern morgen um 6 Uhr stolperte ich auf das Deck, um auszuschauen nach den Gefilden von Troja, dem Grab Achills, den Mündungen des Skamander, dem kleinen Hafen von Tenedos – in der Mitte zwischen dieser Insel und der Küste rauschte unsre ‚Vectis' mit weggerissenen Aufwärterkabinen und Schiffsküche polternd, knarrend, pfeifend, wütend ihre Bahn dahin. Aus dichtem Nebel erwiderten die Geister der Trojaner meinen lebhaften Anruf, aber durch den Nebel schauten dennoch die alten Götter vom Berge Ida auf ihren alten Schauplatz hernieder. Meine Begeisterung für die Helden war nicht gedämpft durch Wind und Wellen."

Florence hatte bei ihrer Ankunft am Reiseziel keine Gelegenheit, die vielgepriesene Herrlichkeit der einzigartigen Landschaftsbilder zu genießen: Im strömenden Regen sah Konstantinopel aus „wie ein verwischtes und verblichenes Daguerreotyp"*, so berichtet sie in ihrem ersten Brief an Mr. Herbert.

Es war der 4. November, an dem Florence Nightingale mit ihren Helferinnen an dem Ort ihrer Tätigkeit, in Skutari, ankam. Am folgenden Tag wurde die Schlacht bei Inkerman geschlagen. Niemand von den Ankommenden konnte ahnen, was dieser Name für ihre Arbeit bedeuten würde; aber sie sollten es bald genug erfahren. – Die kranken Soldaten in den Spitälern in Skutari hatten zwar von der Aussendung der Schwestern gehört, aber sie hatten bis jetzt nicht gelernt, Erfreuliches zu glauben. Nun es aber wahr geworden war, und die Frau Oberin mit ihrer Schar den ersten Rundgang durch die Säle machte, da kamen den armen Burschen die Tränen in die Augen, und einer für viele rief unter Schluchzen: „Nein, nein, ich kann wirklich nicht mehr, wenn ich sie sehe. Denkt nur einmal: Englische Frauenzimmer kommen da heraus, um uns zu pflegen! Da wird's ei-

---

* Früheste Photographie auf Silberplatte.

nem ganz heimelig und behaglich!" – Die armen Kerle! Sie waren wahrlich bescheiden geworden in ihren Ansprüchen an Behaglichkeit! Aber das Schlimmste hatten sie hinter sich; dafür war nun Florence Nightingale da.

Kampf und Sieg
im Haus des Todes.

„Vorsteherin des Pflegepersonals im Osten" –
war der offizielle Titel, den Florence Nightingale von der Regierung erhielt; die gewöhnliche Bezeichnung, die gebraucht wurde, war
„Lady in Chief", etwa gleichbedeutend wie
bei uns „Frau Oberin", wenn auch im Ton etwas feierlicher als dieses. Es traten im Lauf
der Zeit etwa acht Kriegsspitäler am Bosporus und an der Levante in Tätigkeit, in denen
englische Verwundete untergebracht waren;
das Feld ihrer Tätigkeit war zunächst allein
das große Kasernenspital in Skutari.

Vergegenwärtigen wir uns den Schauplatz
der Szenen, die sich nun vor unserem Auge
abspielen sollen! Skutari, die „Silberstadt" der
Türken, liegt auf der kleinasiatischen Seite des
Bosporus, Konstantinopel gegenüber. Auf einem Hügel, der unmittelbar aus dem Meere

aufsteigt, mit einem bezaubernden Blick auf das Wasser und die Zinnen, Spitzen, Kuppeln und Dächer der gegenüberliegenden Stadt, liegt eine große Kaserne, die von der türkischen Regierung der englischen Heeresverwaltung zur Verfügung gestellt war. Ein riesiges dreistockiges Gebäude, das sich um einen Hof im Viereck zusammenschließt, jede Ecke durch einen Turm hervorgehoben. Die Kaserne war für 1.700 Mann bestimmt; der Platz in der Mitte sollte zur Aufstellung von 12.000 Mann Truppen genügen; die Seiten des Vierecks waren fast 400 Meter lang; in den Gängen konnte man insgesamt einen Weg von 4 bis 5 Kilometern zurücklegen. Ein prächtiger Raum für die Zwecke der Krankenpflege und die Lage nicht minder günstig – ein wahres Paradies, unter dem herrlichen blauen Himmel! – Wie mag Florence das Herz geklopft haben, als sie den steilen Hügel hinaufstieg und den Ort ihrer neuen Tätigkeit zum erstenmal betrat! Ob sie geahnt, was dies Haus im Innern umschloß? In den endlosen Gängen je zwei Reihen von verwundeten Soldaten – man maß diese Straße der Schmerzen nach Meilen – nur auf Strohsäcken am Boden, eng aneinandergepackt – zwischen den Füßen konnten sich zwei Personen gerade noch aneinander vorbeidrücken – niedergelegt so wie sie nach ein paar Tagen Seefahrt (im Durchschnitt waren sie acht Tage im Schiff) vom Schlachtfeld in der Krim hier angekommen waren – die meisten Wunden noch nicht verbunden, die gebrochenen Glieder noch nicht eingerichtet – so lagen sie da am Boden, unbesorgt, ungepflegt. Das war der erste Anblick, der sich der ankommenden Frau Oberin und ihrer Schwesternschar bot. Wenige Tage nach ihrer Ankunft aber begannen die Verwundeten aus der Schlacht von Inkerman einzutreffen – zahllos, endlos; bald war kein Fußbreit Boden im ganzen riesigen Haus mehr frei, und man mußte die Leidenden und Sterbenden draußen im Schmutz niederlegen. Nun war's ein bitterer Ernst. Gab es eine Möglichkeit, hier Wandel zu schaffen? Hatte es denn überhaupt einen Sinn, dies Chaos in Ordnung bringen zu wollen?

Die Zustände, die vor Miß Nightingales Eintritt in den englischen Kriegslazaretten herrschten, wird man sich nicht leicht zu schrecklich vorstellen. Im Kasernenspital lagen bei ihrer Ankunft 1.500 Mann, später wochenlang 2.000 auf dem Raum, der für 1.220 Mann bestimmt war; in der schlimmsten Zeit stieg die Zahl gar auf 2.500. Die Leute lagen in ihren Uniformen da, wie sie vom Schlachtfeld kamen, und diese waren steif von Blut und Schmutz, bedeckt mit Kot in einer Weise und in einem Grad, der sich der Beschreibung entzieht. Viele hatten bei der Ankunft nichts auf dem Leib als eine alte Hose und eine Feldmütze; so waren sie in eine schmutzige Pferdedecke gewickelt. Fußboden, Wände und darum auch die Leute selbst waren voll von Ungeziefer – den dazu gehörigen Geruch mag man sich denken. Die Ärzte gaben sich alle Mühe; aber ihre Zahl war völlig ungenügend. Die armen Verwundeten, die mit der Erwartung gekommen waren, daß sie hier ärztliche Hilfe finden würden, warteten größtenteils vergeblich, und der Tod war meist vor dem Doktor zur Stelle. Man übertrug die Sorge für die Kranken ihren Kameraden, die etwas weniger krank schienen, und nicht selten war es so, daß ein Sterbender dem andern als Pfleger gesetzt war.

So traf es Miß Nightingale. Sie berichtet, daß die Bettücher aus ganz grobem Segeltuch oder Zeltleinwand bestanden, so daß die verwundeten und abgemagerten Männer flehten, man solle sie doch auf ihren Wolldecken liegen lassen. Irgendwelche Zimmereinrichtung war nicht vorhanden, abgesehen etwa von leeren Bier- oder Weinflaschen, in die man Kerzen stecken konnte. Außer dem Ungeziefer weiß sie von Ratten zu erzählen, die die Füße der Wehrlosen benagten. Übrigens waren die Pflegeschwestern nicht bloß Mäusen, sondern auch Ratten gewachsen; die Oberin war sofort mit gutem Beispiel vorangegangen und hatte einen solchen ungebetenen Gast mit dem Regenschirm von dem Bette einer Schwester verjagt. Das bloße Wegscheuchen genügte in Skutari allerdings nicht. Die unmittelbare Umgebung des Spitals stimmte ganz mit dem Innern zusammen: Miß Nightingale fand unter demselben Fenster eines Krankensaales nicht weniger als sechs tote Hunde; im Wasserleitungskanal lag wochenlang eine Pferdeleiche. Natürlich gab es in diesem ungeheuren Lager von Kranken und Sterbenden auch keine Waschküche, keine Küche, überhaupt keine genügende Kocheinrichtung und keinen Koch, der mit Krankenkost hätte umgehen können, von irgendwelchen gesundheitspolizeilichen Einrichtungen vollends nicht zu reden.

Ein genaues Bild der Zustände zu geben, bleibt im Grunde eine unmögliche Aufgabe: In solchen Zeiten äußerster Not und Anspannung des letzten Nervs hört die Objektivität der Menschen auf, die ohnedies auch unter normalen Verhältnissen nicht übermäßig groß zu sein pflegt. In Kriegszeiten ist jedes Wort ein Hieb und ein Stoß – und fürwahr, das waren Kriegszeiten im Kasernenlazarett in Skutari: Kampf auf Leben und Tod mit einer ganzen Rotte von Feinden, und dabei das Gefühl: nur ein rascher Sieg bewahrt vor dem Untergang. Also erwarten wir keine ruhigen, sachlichen, gerecht abwägenden Urteile aus diesen Tagen leidenschaftlichen, todesmutigen Ringens, zumal von einer Frau, zumal von *der* Frau, der die schwerste Verantwortung auf die Seele gelegt war. Auch Florence Nightingale ist in diesen Tagen nicht objektiv, sie ist nicht einmal gerecht; nein, sie ist die Reiterin, die die Zügel ergriffen hat und die Sporen einsetzt und die Peitsche schwingt auf das träge und scheue Roß, weil sie nur das eine weiß: nun gilt's zu reiten auf Leben und Tod, über Stock und Block – helfe was helfen mag! Wer nun zögert und abwägt, der ist schon verloren. Es kommt ja wohl die Stunde, da man auch wieder sanft und abwägend und gerecht sein darf.

Was der Erzähler tun kann, ist nur, daß er die Stimmen vom Kampfplatz selbst unverfälscht zu Wort kommen läßt.

Mr. Bracebridge schrieb schon am 8. November einen ersten langen Brief an Sidney Herbert, bestehend aus kurzen, abgerissenen Notizen, die offenbar in Zwischenräumen niedergeschrieben sind, wenn er zwischen der Fülle von Aufgaben und Eindrücken immer wieder für Augenblicke an seinen Schreibtisch zurückkehrte. Meist sind es Bemerkungen über Örtlichkeit und äußere Verhältnisse, was er niederschreibt – wir haben das Wesentliche davon bereits gehört – ; einiges interessiert uns noch: „Langes Warten auf Brot und Tee; endlich kommt Frau C. mit warmer Kraftbrühe heraus und eine andere mit Hühnersuppe, und sie flößten den Ermatteten mit dem Löffel Stärkungsmittel ein. Endlich kam auch genügend Scharpie von den Vorratskammern. Die armen Kerle sind hochbefriedigt über ihre Aufnahme, und kaum einer ließ auch nur einen Seufzer hören. Die Haltung von Schwestern und Pflegerinnen musterhaft, ganz besonders der katholischen Schwestern, und die Kranken betrugen sich ihnen gegenüber sehr gut. – Die Verwundeten sehen alle heiter und ruhig aus, aber die Fieber- und Ruhrkranken sind blaß und eingefallen. Die Örtlichkeit ist rein und luftig; wenig üble Gerüche." – Dieser erste Bericht im Telegrammstil deutet die Schrecken der Lage kaum erst leise an. Aber auch hier fehlen die bösen Zahlen nicht: „Gestern nacht 1.730 Mannschaften und Offiziere; 500 sind begraben worden."

Zehn Tage nach der Ankunft schreibt Florence an einen befreundeten Arzt einen Brief voll bitteren Humors; darin heißt es:

„Ich wünschte, ich hätte Zeit. Dann würde ich Ihnen einen Brief schreiben, der einem Doktorsherzen Freude machen könnte! Ich könnte es ohne weiteres mit den ‚Ärzte-Times' aufnehmen! Aber ach! Ihr Herren

in England, in eurer wohlverdienten Befriedigung über eure erfolgreichen Kuren, ihr
könnt ja durch das Lesen der Zeitung auch
nicht einen entfernten Begriff bekommen
von dem Schrecken und Jammer, den es bedeutet, in einem Militärspital an diesen sterbenden, erschöpften Männern zu operieren.
Ein Londoner Spital ist ein Blumengarten dagegen.

Wir sind sehr glücklich mit unsern ärztlichen Häuptern. Zwei von ihnen sind Bestien
und vier sind Engel; denn das ist ein Geschäft, das entweder Engel oder Teufel aus
den Männern macht und aus den Frauen
ebenso. Was die Assistenzärzte betrifft, die
sind lauter unreife Bengel; während ein Mann
unter dem Messer seinen letzten Atemzug
tut, können die jammern über ‚die Störung,
daß man vom Essen aufstehen muß wegen
solch eines neuen Schubs von Verwundeten‘.
Aber aus unmanierlichen Flegeln werden mit
der Zeit gute alte Bären, wenn ich auch nicht
weiß, wie es zugehen soll; denn gewiß ist, die
alten Bären sind gut. Wir haben jetzt vier
Meilen Betten und keine 18 Zoll Zwischen-
raum. — Doch mitten in dem entsetzlichen

Schrecken (wir sind bis an den Hals in Blut getaucht!) ist's doch gut – und ich kann wirklich wie Petrus sagen: ‚Hier ist gut sein‘, wenn ich auch zweifle, ob Petrus hier auch so gesagt hätte.

Als ich in jener ersten Nacht meine Runde bei den Frischverwundeten machte, da war kein Murren, kein Stöhnen, die strengste Disziplin, es herrschte die äußerste Stille und Ruhe – nur der Tritt des Postens –, und ich hörte einen Mann sagen: ‚Ich träumte von meinen Freunden zu Hause‘ – und ein anderer sagte: ‚Ich habe an sie gedacht‘. Diese armen Burschen tragen Schmerz und Verstümmelung mit einem unverzagten Heldenmut, der wirklich übermenschlich ist, und sterben oder lassen sich zerstückeln ohne einen Laut der Klage.“

Nehmen wir noch dazu ein paar Stellen aus dem Brief eines Geistlichen, der um dieselbe Zeit in Skutari angekommen war wie Florence – er ist nur einen Tag später geschrieben: „Keine Regierung, kein Volk hätte im Augenblick für solche Anforderungen bereit sein können. Um mit mehr als 3.000 schlimmsten Fällen in völlig befriedigender Weise fertig zu werden, dazu brauchte es nicht weniger als eine wunderbare Tatkraft. Und doch wird die Sache geleistet, und weil es sich um Krieg und nicht um Friedensarbeit handelt, und weil Skutari in der Tat ein Schlachtfeld ist, so bin ich mehr geneigt zu jammern als zu tadeln. – Ich freue mich, sagen zu können, daß die Leitenden es aufgegeben haben zu beteuern, daß sie alles haben und nichts brauchen. Sie sind nun dankbar für jede Hilfe. – Verstehen Sie mich recht. Ich könnte auf manche wunde Stelle weisen; ich könnte zeigen, wo es an Überlegung gefehlt hat, wo die Wahrheit verdreht, die Pflicht versäumt worden ist. Aber ich habe das Gefühl, daß die Not so drohend, so schrecklich war, und daß die Anstrengung nach dem Ziel, das wir erreichen wollen, so ernstlich ist, daß ich für meinen Teil von der Vergangenheit sage: Ich will nichts davon wissen, und von der Gegenwart: Wenn der Karren in der Furche steckt, dann gehört jede Schulter ans Rad."

Der folgende Brief, geschrieben von einer der Schwestern sechs Tage nach der Ankunft in Skutari, gilt für eines von den Schriftstücken, die nachträglich von den Verfassern selbst und von der Oberin als übertreibend anerkannt wurden; aber gerade solche Briefe taten die größte Wirkung: Der vorliegende erschien in den Spalten der „Times", und ein Leitartikel schloß sich daran an, und erst nach zwei Monaten folgte die Richtigstellung. So kommt nun einmal die Hilfeleistung einer Nation in schwerer Not zustande. Die Schwester schreibt: „Ich bin als eine von den Regierungs-Pflegerinnen hierher gekommen, und die Lage, in die wir uns versetzt sehen, veranlaßt mich, Ihnen zu schreiben und Sie zu bitten, sofort ein paar Dutzend Flaschen Wein abzuschicken oder überhaupt alles, was für Verwundete oder Sterbende von Nutzen ist, wie wir sie jetzt zu Hunderten um uns haben unter diesem Dach, so daß sie auch die Zugänge zu unseren eigenen Räumen ausfüllen. Die Regierung ist nicht knickerig, und ich möchte mich eigentlich nicht beklagen über die Bereitwilligkeit, womit sie unsern Bedürfnissen entgegenkommt; aber bei solchen Massen, die von Sebastopol hereinkommen, erscheint es völlig unmöglich, in der richtigen Weise für die zu sorgen, die infolge von Ruhr oder allgemeiner Erschöpfung dem Tode nahe sind. In den vier Sälen, die ich zu bedienen habe, sind in der Nacht elf Mann gestorben – einfach an Erschöpfung, die man, menschlich gesprochen, hätte erhalten können, wenn ich die nötigen Erfrischungs- und Nahrungsmittel sofort zur Hand gehabt hätte. Man muß eben dem Kriegsschauplatz so nahe sein, wie wir es hier sind, um das Gräßliche kennenzulernen, das wir sehen und hören. Ich weiß wirklich nicht, welcher Anblick herzzerreißender ist: prächtige starke Männer und Jünglinge einfach an Erschöpfung zugrunde gehen zu sehen oder andere mit gräßlichen Wunden. Gestern haben wir den ganzen Tag damit zugebracht, zuerst Matratzen für die Leute zusammenzunähen und dann sie zu waschen und, soweit wir konnten, den Ärzten beim Verbinden der entsetzlichen Wunden zu helfen; wir suchten es den armen Burschen so bequem als möglich zu machen, nachdem sie fünf Tage im Schiffsraum eingeschlossen waren und während dieser Zeit keinen Verband bekommen hatten.

Miß Nightingale, der wir unterstellt sind, ist in jeder Hinsicht für ihre schwere Aufgabe ausgerüstet. Wein und Hühnersuppe in Flaschen, Fleischkonserven für Suppen und dergleichen sind uns am meisten willkommen. – Wir haben noch keinen Tropfen Milch gesehen, und das Brot ist äußerst rauh. Die Butter ist in hohem Grade unappetitlich, irische Butter im Stadium der Zersetzung, und das Fleisch gleicht eher feuchtem Leder als einem Nahrungsmittel. Kartoffeln erwarten wir von Frankreich."

Es ist nicht verwunderlich, daß man im Hospital in Skutari die Schwesternschaft nicht sonderlich herzlich willkommen hieß. Doch nach kurzer Zeit sprachen wenigstens die militärischen Autoritäten mit hohen Lobesworten von Miß Nightingale; ihre Leistung und ihr Charakter hatten ihr die Achtung erzwungen. Sie war freilich auch trefflich eingeführt vom Minister des Kriegsamts. Aber nur um so mehr mußte sie eben durch ihr persönliches Auftreten diese außerordentliche Ausstattung mit Vollmacht rechtfertigen.

Wir versuchen, uns ein Bild von der ordnenden und heilenden Tätigkeit der neuen Frau Oberin zu machen. Zuerst galt es einmal, die Wälle und Mauern des faulen Bürokratismus und des sinnlosen Gamaschendien-

stes im Sturm zu nehmen. Was die unterge-
ordneten Organe in überängstlicher Disziplin
nicht wagten, das nahm die Oberin auf ihr
Gewissen. Alle Tage starben die Leute zu
Dutzenden dahin aus Mangel an geeigneten
Lebensmitteln; es lagen aber auch Vorräte bereit, nur konnte man sie nicht finden, oder
man wußte nicht, wer das Recht habe, sie zu
öffnen. Die Oberin nahm entschlossen, wo
etwas war, mochten auch die Aufseher die
Hände ringen, weil sie keine Anweisung vorlegen konnte, oder weil die Kommission die
vor der Ausgabe vorgeschriebene Besichtigung der Vorräte noch nicht vorgenommen
hatte. Das machte mit *einem* Schlag vieles anders, wenigstens einmal für den Augenblick.
Dann aber waren nun 38 Paar weibliche Hände an der Arbeit, planmäßig geleitet von einem Geist, der alles überschaute. Sie nähten
Matratzen, sie wuschen die Kranken, sie hal-
fen den Ärzten beim Verbinden – sie scheu-
erten und fegten Tag und Nacht, bis das ganze Haus langsam aber sicher und gründlich
sein Aussehen änderte.

Die Oberin mit ihrer Schar hatte ihr Quartier in einem der Ecktürme der Kaserne auf-

geschlagen; hier war das Nervenzentrum, das Gehirn für das ausgedehnte Reich, in dem Florence Nightingale gebot.

Eine Schilderung aus der Feder von einer aus der Mitte der freiwilligen Pflegerinnen gibt ein lebendiges Bild: „Wir pflegten unter uns die Küche der Oberin den babylonischen Turm zu nennen – wegen der Mannigfaltigkeit der Sprachen, die dort gesprochen wurden und wegen der dort herrschenden Verwirrung. Wirklich, um die Mittagszeit schien alles und jedermann dort zu sein: Schachteln, Pakete, Bündel von Bettlaken, von Hemden, von alter Leinwand und Flanell; Tonnen mit Butter, Zucker, Brot; Kessel, Pfannen, Haufen von Büchern und von Plunder aller Art; daneben wurden die Kostzugaben ausgegeben. Dann die Menschen: Damen, Nonnen, Pflegerinnen, Wärter, Türken, Griechen, französische und italienische Diener, Offiziere und andere Personen, die Miß Nightingale sprechen wollten; alle gingen ab und zu, alle waren auf ihr besonderes Geschäft aus; alle sprachen ihre eigene Sprache."

Miß Nightingale brach gänzlich und sofort mit dem bisherigen Vertuschungssystem. Ihr scharfes Auge fand rasch die Punkte heraus, an denen mit der Besserung eingesetzt werden mußte – darüber wurde an den Höchstkommandierenden, Lord Raglan, und an das Kriegsamt klar und bestimmt berichtet – und dann kamen in kurzer Zeit die nötigen Anordnungen zur Abhilfe für die Mißstände. So lichtete sich allmählich der dichte Nebel, der bisher die offiziellen Berichte vom Bosporus verhüllt hatte, und rasch und sicher wurde das gesamte Verpflegungswesen auf eine neue gesunde Grundlage gestellt.

Innerhalb zehn Tagen nach ihrer Ankunft hatte die Oberin eine Küche eingerichtet, die nun imstande war, die besondere Krankenkost, die Zugaben zur gewöhnlichen Lazarettkost, die für Schwerkranke so notwendigen Erfrischungs- und Stärkungsmittel selbst mustergültig herzustellen, und zwar täglich für 800 Mann. Die Mittel dazu wurden vorerst noch in weitem Umfang den eigenen Vorräten entnommen, die die Oberin vorsorglich auf der „Vectis" mitgebracht hatte. Nun gab es für die armen Kranken unerhörte Leckerbissen wie Fleischbrühe, Hühnersuppe, Sülze u. a. Hören wir die Erzählung eines alten Veteranen von der Krim! „Als ich nach der Ankunft im Lazarett am frühen Morgen einen Napf voll Hafergrütze bekam, da sagte ich zu mir selbst: Alter, das ist alles, was du diesen ganzen lieben Tag in den Leib kriegst, und du kannst dich glücklich schätzen, daß du soviel bekommen hast. Aber nach zwei Stunden, da kam wahrhaftig ein anderer von den holden Engeln und bat mich, ich solle doch geschwind ein bißchen Hühnersuppe nehmen. Gut, ich esse das und denke mir, das wird wohl ein frühes Mittagessen sein, und ehe ich mir recht Zeit nehmen konnte, mich zu besinnen, was nun wohl an die Reihe kommen würde, da stand die Schwester wieder da mit ein wenig Sülze; und so ging's den ganzen Tag fort: Immer brachten sie mir etwas und nannten es eine kleine Stärkung. Am Abend kam Miß Nightingale selbst und schaute mich an und sagte: Ich hoffe, es geht Ihnen besser. Ich hätte sagen mögen: Frau Oberin, mir geht's so gut wie einem Kampfhahn – aber ich nahm mich zusammen, daß es ein bißchen gebildeter herauskam.“

Der Küche folgte die Einrichtung einer Waschküche und Desinfektionsanstalt. Bisher war das Waschen nicht stark in der Mode gewesen; die spätere Untersuchung ergab, daß ganze sieben Hemden gewaschen worden waren. Miß Nightingale mietete ein Haus dicht neben dem Hospital und richtete darin eine Waschanstalt ein: Hier galten die Vorschriften der Gesundheitspolizei; hier wurden in der Woche 500 Hemden und 150 andere Stücke gewaschen.

Da die Verwundeten meist ohne Tornister ankamen, also nur das schmutzige Zeug besaßen, das sie auf dem Leibe trugen, so mußte zunächst für ein zweites Hemd zum Wechseln gesorgt werden: Die Oberin beschaffte im ersten Vierteljahr 10.000 Hemden aus ihren eigenen Hilfsquellen. An Verbandstoffen fehlte es anfangs nicht weniger als an allem andern; die Schwestern mußten jede freie Minute ausnützen, um Scharpie zu zupfen, Binden zu schneiden, Matratzen zu steppen und Kissen zu machen.

Unvollkommen blieb vieles auch jetzt noch; wie hätte es auch anders sein können?! Noch immer gab es notwendige Dinge, die sich in all dem Überfluß nicht fanden. Zumal der Winter – wir werden noch über ihn hören –

brachte zu den alten wieder ganz neue Nöte. Als die Leute erfroren aus den Laufgräben von Sebastopol ankamen, da machte sich der Mangel an warmen Kleidungsstücken peinlich fühlbar. Eine Schwester schreibt in einem Brief: „So oft einer den Mund auftut und anfängt: ‚Bitte, Schwester, ich möchte Ihnen etwas sagen' –, dann fällt mir schon das Herz hinunter, weil ich weiß, daß es auf ein Flanellhemd hinausläuft." Aber das trostlose Elend, daß nichts Vernünftiges vonstatten gehen konnte, daß aller Unsinn weiter gepflegt wurde, mochten auch die Leute darüber sterben, das hatte ein Ende, seit die Frau Oberin am Werke war: Sie befahl, was sie befehlen konnte, und bestand darauf, daß es geschah. – Alles in allem: Ende Dezember konnte, mußte einer der zähesten Gegner jeglicher Neuerung, der mit allen Vorurteilen gekommen war, das Zeugnis geben, daß in dem Hospital, das Florence Nightingale leitete, etwas erreicht sei, das nicht weit von Vollkommenheit entfernt bleibe.

Die Frau, die in ein solches Chaos Ordnung und Behagen zu bringen verstand, muß vor allen Dingen eine hervorragende Organisationsgabe besessen haben. Ein Schriftsteller, der seine Worte sorgfältig abwägt, nennt sie ein Herrschergenie; aber dazu kam eine seltene persönliche Leistungsfähigkeit, eine unerschöpfliche Arbeitskraft. Der Geist aber, der dem Willen Ziel und Inhalt gibt, ist die selbstlose, sich selbst vergessende Liebe. In den ersten Tagen, als die Verwundeten von Inkerman eintrafen in das schon vorher volle Haus, war die Oberin zwanzig Stunden ununterbrochen an der Arbeit: Sie nahm die Transporte in Empfang, sie wies die Quartiere an, sie leitete ihre Schwestern, sie war bei den schmerzhaftesten Operationen mit ihrer linden Hand und ihrem ermunternden Wort zur Stelle. Sie hatte ganze Stunden Zeit für Sterbende. Ein Augenzeuge berichtet: „Je gräßlicher für alle fünf Sinne ein Fall war, desto sicherer konnte man ihre schlanke Gestalt über den Leidenden gebeugt sehen, und sie schuf ihm jede erdenkliche Erleichterung, die in ihrer Macht stand, und ging selten von seiner Seite, bis der Tod ihn erlöst hatte."

Das erste Geschäft der Ärzte, wenn neue Pfleglinge ankamen, war, die aussichtslosen Fälle auszuscheiden, damit Zeit und Kraft gespart würde für die andern, bei denen noch etwas zu erreichen war. Dann nahm sich aber die Oberin der Aufgegebenen an, und sie hatten das beste Teil erwählt. Einmal sah sie fünf Soldaten auf die Seite geschoben. Ob man für die armen Burschen nichts tun könne? Die Ärzte erwiderten, ihre erste Pflicht gelte denen, die mehr Aussicht auf Rettung bieten. – „Wollen Sie mir diese fünf Mann überlassen?" – „Machen Sie mit ihnen, was Sie wollen; wir halten es für aussichtslos." – Die Oberin saß die Nacht durch mit einer der Schwestern bei den fünfen; sie flößte ihnen mit dem Teelöffel Stärkung ein, bis sie zu sich kamen. Sie wusch ihnen die Wunden aus und sprach ihnen freundlich zu, und am Morgen hatte sie die Befriedigung, daß sie nun zu weiterer Behandlung angenommen wurden.

Einem schottischen Hochländer sollte der Arm abgenommen werden. Die Oberin war der Ansicht, daß sorgsame Pflege die Amputation überflüssig machen werde, und bat um Aufschub. Es gelang auch wirklich ihrer unablässigen Sorgfalt, den Arm zu retten. Sie war imstande, unter einer Schar von vielen Hunderten dem einzelnen ihre ganze Liebe zuzuwenden. Als man den Mann fragte, wie er sich seiner Retterin dankbar erweisen wolle, da sagte er, er könne seiner Empfindung keinen anderen Ausdruck geben, als daß er ihren Schatten küsse, wenn er bei ihren nächtlichen Rundgängen auf sein Kissen falle. „Sie konnte mit dem einen und andern sprechen", so berichtet ein anderer Soldat, „und sie konnte vielen zunicken und zulächeln; aber sie konnte das selbstverständlich nicht bei allen tun; wir lagen ja da zu Hunderten. Aber wir konnten ihren Schatten küssen, wenn er auf unser Bett fiel, und dann den Kopf zufrieden wieder aufs Kissen legen."

Kein Wunder, daß ein Band unbegrenzten Vertrauens und schwärmerischer Verehrung gar bald die rauhen Söldlinge an ihre Frau Oberin fesselte; sie war ihnen schlechtweg der gute Engel, der ihnen vom Himmel geschickt war in einer Stunde, da sie sich in das herbe Los des Krieges schon mit harter Tapferkeit ergeben hatten.

Im Operationssaal wirkte ihre Gegenwart Wunder: Wenn die ermatteten und schmerzgequälten Männer sich gegen das Messer wehrten, die mitleidvollen Augen der Oberin, ihre beruhigenden Worte und ihre Bereitwilligkeit, selbst Zeuge der Schmerzen zu sein – das gab ihnen Kraft, alles zu erdulden, überhaupt man kannte die rauhen Krieger kaum wieder. „Ehe sie kam", sagt ein Soldat, „da war so ein arges Fluchen und Schwören; aber nachher war's so heilig wie in der Kirche."

Ein Parlamentsmitglied, das einen Besuch in Skutari gemacht hatte, bemerkt, die Stellung, die Florence Nightingale in den Kriegslazaretten habe, mache ihm die Heiligen des Mittelalters verständlich. Die Soldaten seien unbedingt überzeugt, daß ihre Oberin an verschiedenen Orten zugleich sein könne. Wenn man ihnen sagen würde, das Dach habe sich geöffnet und sie sei körperlich in den Himmel gefahren, sie wären gewiß nicht im mindesten überrascht gewesen. Auch eine neue Jungfrau von Orleans hätten sie gerne aus ihr gemacht. „Wenn sie an unsrer Spitze wäre, wir wären innerhalb einer Woche in Sebastopol!" – so und ähnlich konnte man es oft in den Krankensälen hören.

Es ist ihr auch gelungen, aus den bisher größtenteils gänzlich unbrauchbaren Krankenwärtern eine wertvolle Truppe zu machen. Es waren ja einfache Soldaten, die in Reih und Glied entbehrlich oder unbrauchbar waren, meist selbst in der Genesung begriffen; sie hatten für ihr Geschäft schon darum kein Interesse, weil sie jederzeit gewärtig sein mußten, wieder zur Truppe einberufen zu werden. Die Ankunft der Frauen, der sie durchaus nicht freudig entgegengesehen hatten, übte die günstigste Wirkung auf sie. Durch Vermittlung des ritterlichen Gefühls gegen die edle Frau wurde ihr Pflichtbewußtsein aufgeweckt, und bald war es jedem eine Ehre, im Dienst der Frau Oberin zu stehen. Nicht gering ist dabei anzuschlagen die Hilfe, die in ihrer Bildung und gesellschaftlichen Stellung lag: Mochte sie auch in demselben geringen Dienst stehen wie die andern, mochte sie einem Kranken die Kissen schütteln, das Essen geben, die Arznei reichen nach der Vorschrift des Arztes – sie war und blieb doch die Lady, und es mag sein, daß der Engländer sich der Autorität der Frau von Stand williger unterordnet als der Deutsche. Jedes Wort von ihr ist eben das Wort der Lady. „Wenn sie von der Beschaffenheit der Luft im Krankenzimmer sprach, die sie selbst

einzuatmen hatte, dann gab es keinen Ein-
wand dagegen; ihr konnte man nicht zumu-
ten, ein Auge zuzudrücken, wenn das Bett, an
das sie herantrat, nicht rein war; von ihr
konnte man kaum erwarten, daß sie still-
schweige, wenn das Essen, das sie austeilen
sollte, nicht zur Stelle war; man durfte nicht
annehmen, daß sie einem Kranken eine Speise geben werde, die sie als schlecht oder un-
geeignet erkannt hatte." Sie hatte sich niemals, auch nicht in der schlimmsten Zeit, da
alle Kräfte aufs äußerste angespannt wurden,
über einen Mangel an Gehorsam, an über-
legter Aufmerksamkeit, an rücksichtsvollem
Zartgefühl zu beklagen. Ihr zulieb waren die
Leute fähig zu Leistungen, zu denen der
Zwang des Dienstes sie niemals gebracht
hätte. Sie bezeugt: „Nie kam bei irgendeinem
ein Wort oder ein Blick vor, der einem
Gentleman nicht angestanden hätte. Indem
ich diesen schlichten Zoll der Anerkennung
der schlichten Höflichkeit widme, kommen
mir die Tränen in die Augen, wenn ich daran
denke, wie angesichts von ekelhafter Krankheit und Tod der angeborene Adel, die Zartheit und Ritterlichkeit sich über all das erhob

und strahlend aufging mitten in einer Welt, die man doch als den tiefsten Pfuhl menschlichen Elends bezeichnen muß; wie sie unwillkürlich jeden Ausdruck vermeiden ließ, der einer gebildeten Frau hätte peinlich sein können."

Der amerikanische Dichter Longfellow hat in einem Gedicht das Bild der „Dame mit der Lampe" festgehalten, wie sie in nächtlicher Stunde durch die endlosen Reihen der kranken Soldaten geht, und wie die rauhen Männer zwischen Traum und Wachen sich nach dem vorüberziehenden Lichtschein umwenden und dem enteilenden Schatten heißen Dank und Segenswünsche nachsenden. Eine neu angekommene Freiwillige erzählt: „Zwei Tage nach meiner Ankunft ließ mich Miß Nightingale rufen, um sie bei ihrem Rundgang durch das Lazarett zu begleiten. Sie sah nach ihren besonderen Fällen in der Regel bei Nacht. Wir gingen rundum durch den ganzen zweiten Stock, traten in viele Krankensäle ein und stiegen auch in einen der oberen Gänge empor. Es schien ein endloser Weg, und man konnte die Eindrücke nicht leicht vergessen. Während wir langsam vorübergingen, herrschte eine tiefe Stille; ganz selten nur drang ein Stöhnen oder ein Schmerzenslaut aus dieser Masse schwer leidender Menschen an unser Ohr. Ein schwaches Licht brannte da und dort. Miß Nightingale trug ihre Laterne, die sie niederzusetzen pflegte, ehe sie sich über einen von den Kranken beugte. Ich mußte ihre Art, mit den Männern zu verkehren, aufrichtig bewundern; so zart und freundlich war sie."

Ein Zweig der Tätigkeit von Miß Nightingale, dessen Notwendigkeit zugleich auf die Eigentümlichkeit englischen Heerwesens ein Licht fallen läßt, ist noch zu erwähnen: die Fürsorge für die Soldatenfrauen. Der Oberst jedes Regiments hatte die Vollmacht, einer Anzahl von Frauen zu gestatten, daß sie ihre Männer beim Auslandsdienst begleiten. Man muß bedenken, daß der englische Berufssoldat nicht immer Jüngling bleibt und daß in einer englischen Truppe neben den blutjungen Milchgesichtern die grauen Köpfe in Reih und Glied – nicht nur bei den Chargen – durchaus nicht selten sind. Die Frauen gehörten wie ihre Männer zum Regiment und hatten wie diese Anspruch auf Quartier und

Verpflegung. Dieser Anspruch hörte aber auf, wenn sie durch irgendwelche Umstände, wie die Wechselfälle des Krieges sie mit sich brachten, vom Regiment getrennt wurden, auch wenn sie selbst dabei keinerlei freie Entscheidung gehabt hatten. Es bestand keine Organisation, die für solche versprengten Soldatenfrauen und -witwen gesorgt hätte. Im Kasernenspital in Skutari traf Florence Nightingale solche Armen an; sie fristeten in den Winkeln und Kellern ein elendes Dasein. Die Witwen wurden in Abteilungen heimgeschickt; die Frauen sträubten sich, ohne ihre Männer zu gehen. Nach mannigfachem Hin- und Herschieben hatte man ihnen schließlich ein paar dunkle Räume in dem feuchten Kellergeschoß der Kaserne angewiesen. Da lebten diese armen Geschöpfe – übrigens zum größten Teil anständige Frauen – und hatten nichts Rechtes mehr anzuziehen, nur noch Fetzen am Leib und keine Schuhe. Wollte eine ein wenig allein sein, so gab es kein anderes Mittel, als ihre Lumpen an Seilen um sich her aufzuhängen. Beim Schein eines Nachtlichts wurden die Mahlzeiten eingenommen, wurden die Kranken gepflegt, die Kinder geboren und genährt: 22 allein im November und Dezember und viele noch im Lauf des Winters. Die neue Oberin nahm sich nun auch dieser Frauen an: Sie versah sie mit Kleidung und Nahrung aus ihren Vorräten; sie sorgte für die Pflege der Kleinen. Als Ende Januar infolge des Bruches einer Abzugsröhre ein Fieber unter den Frauen ausbrach, setzte sie ihre Verbringung in ein gesünderes Quartier durch; sie hatte selbst ein türkisches Haus reinigen und einrichten lassen. Auch für Arbeit sorgte sie: Eine Anzahl stellte sie in ihrem Waschhaus an; anderen verschaffte sie Arbeit in Familien in Konstantinopel; für die Kinder wurde eine Schule eingerichtet. Gegen 500 Frauen wurde auf diese Weise wieder zu anständigem Auskommen verholfen.

Die Kritik der außerordentlichen Sendung der einzigen Frau verstummte trotz ihrer augenscheinlichen Erfolge noch immer nicht. Man traute ihr noch immer zu, daß sie für den Papst arbeite, oder man witterte wenigstens irgendeine Ketzerei bei ihr. Der Kampf in den Zeitungen ging noch immer weiter, und der Minister hatte reichlich Anlaß, seine Freundin in Schutz zu nehmen. Ein gutes

Wort prägte ein irischer Geistlicher, als er gefragt wurde, zu welcher Sekte denn Miß Nightingale gehöre. Er sagte: zu einer, die leider recht selten ist, zur Sekte des barmherzigen Samariters. Eine Stärkung ihrer Stellung bewirkte auch ein Handschreiben der Königin an Mr. Herbert vom 6. Dezember 1854, in dem sie sich häufige Berichterstattung über die Tätigkeit der Kriegspflegerinnen erbat und ihr lebhaftes Interesse für sie und ihre Pfleglinge versicherte. Als in den Kriegsspitälern der Christabend gefeiert wurde, da war wenigstens soviel erreicht, daß die Kranken und Verwundeten nun alle sauber und sanft gebettet, zweckmäßig genährt und in jeder Hinsicht gut behandelt waren. Ist dies auch das Selbstverständliche, worauf der Soldat Anspruch hat, wenn er im Dienst des Vaterlandes Leben und Gesundheit eingesetzt hat, so ist es doch eine bewundernswerte Leistung, was Florence Nightingale in weniger als zwei Monaten vollbracht hat.

Neue Not und Hilfe.

Die erste Schlacht gegen Tod und Verzweif-
lung war geschlagen, und man darf trotz allem sagen: Sie war siegreich geschlagen. Als
das Jahr 1855 anbrach, sah es in den Kriegsspitälern, soweit Florence Nightingales Einfluß reichte, anders aus als zwei Monate zuvor. Eine leichtere Zeit hat ihr darum das
neue Jahr doch nicht gebracht. Kamen auch
nicht mehr Massen von Verwundeten von
blutigen Schlachtfeldern, so lieferte dafür
die durch den Winter fortgesetzte Belagerung von Sebastopol Kranke in ununterbro-
chener Reihe. Erfrorene Glieder, Ruhr und
Cholera sorgten dafür, daß die Spitäler nicht
leer wurden. Im Gegenteil, man mußte beim
Beginn des Jahres neue Vorkehrungen treffen, um den Anforderungen zu genügen. Eine Truppe von 46 ausgebildeten Pflegerinnen, nämlich 9 gebildete Damen, 15 Barmherzige Schwestern aus Irland und 22 be-

zahlte Wärterinnen unter Miß Mary Stanley, der edelgesinnten, schlichten Tochter eines englischen Bischofs, war Mitte Dezember in Skutari angekommen und wurde auf die verschiedenen Spitäler verteilt. Miß Stanley übernahm die beiden Lazarette in Kullali, etwa anderthalb Stunden nördlich von Skutari auf derselben Seite des Bosporus, ebenfalls unmittelbar an der Küste gelegen. Andere kamen ins allgemeine Hospital nach Skutari, eine Gruppe ging nach Balaklawa in der Krim; später wurde auch in Smyrna noch ein englisches Kriegslazarett eingerichtet. Im April folgten noch zwei Gruppen von 25 und 10 Köpfen, die meist nach Kullali kamen, so daß dort schließlich eine stärkere Schwesternschar an der Arbeit stand als in Skutari.

Wollen wir unsere Florence Nightingale ganz kennenlernen, dann müssen wir bei Gelegenheit dieser zweiten Aussendung etwas erwähnen, das uns zeigt, daß auch sie je und je eine Stunde hatte, da es uns nicht ganz leicht wird, sie zu verstehen. Wenn wir es dennoch versuchen, werden wir unserer Heldin dadurch nur desto näher kommen.

Schon zehn Tage nach Florences Ankunft hatte der Geistliche, Osborne, an Mr. Herbert geschrieben: „Wenn neue Pflegerinnen kommen, schicken Sie einen guten Chef mit als Oberstleutnant für die Nightingale!" Jedermann war überzeugt: Hat die Zahl der Kranken sich verdoppelt, dann müssen auch die pflegenden Hände Zuzug bekommen. Herbert war des guten Glaubens, daß er damit niemand einen größeren Gefallen tue als der Oberin selbst. Er schrieb Anfang Dezember an einen der Ärzte in Skutari: „Ich bin nun voll Hoffnung für die Zukunft. Wir senden am 6. einen zweiten Trupp von Pflegerinnen von Marseille aus. Damit wird Miß Nightingale's Personal, denke ich, auf die volle Stärke gebracht, die sie dirigieren kann. Ich hoffe, daß sie einen vollen Erfolg erringt; ich freue mich sehr, zu hören, daß die leitenden Ärzte sie so gut aufgenommen haben. Ich denke, Sie haben jetzt genug von ihr gesehen, um zu wissen, daß sie ihrer Aufgabe völlig gewachsen ist." Herbert versäumte aber im Drang der Geschäfte, mit Florence selbst seinen Plan zu beraten. Und nun erlebte er ein Beispiel dafür, daß der Mann sich niemals einbilden soll, die Empfindung einer Frau im voraus erraten zu können. Am 24. Dezember, zum Weihnachtsabend, erhielt er einen Brief seiner Freundin, in dem sie ihm sagte: er habe die Sache preisgegeben, die ihrem Herzen so nahe stehe, er habe sie selbst preisgegeben, er habe sein eigenes geschriebenes Wort preisgegeben einem Geschrei der Masse zulieb; es werden ihr Bedingungen auferlegt, die ihr Ziel unerreichbar machen; die Unterbringung der neuen Ankömmlinge sei eine physische Unmöglichkeit, ihre Anstellung aber eine moralische; im übrigen werden diese unbeschäftigten Weiber sicher des Teufels werden.

„Ich habe mir mit vieler Mühe einen Weg in das Vertrauen der Ärzte gebahnt. Ich habe durch unausgesetzte Wachsamkeit bei Tag und bei Nacht etwas wie Planmäßigkeit in die ungeordneten Betätigungen dieser Frauen gebracht. Und man mag sagen, daß, wie die Sache jetzt steht, ein gewisser Erfolg erzielt worden ist. Aber Frauenzimmer in den Abteilungen eines Militärspitals herumpfuschen zu lassen – und das würden sie unbedingt tun, wenn eine vermehrte Zahl die Disziplin lockern und ihre freie Zeit vermehren würde –, das wäre ebenso unpraktisch wie widersinnig." Auch Frau Bracebridge konnte die Lage nach der Ankunft der Schar nicht anders beurteilen: „Die 46 sind auf uns gefallen wie ein Schwarm von Heuschrecken. Wo wir sie unterbringen, wie wir sie füttern, wie beschäftigen sollen, ist eine schwierige Frage; wie wir uns um sie kümmern sollen, das ist überhaupt nicht vorzustellen."

Die Gruppe der Miß Stanley wurde zunächst in einem leeren Hause in Therapia einquartiert; die Frauen wußten nicht, was sie verbrochen hatten, und die Oberin meldete nach London, daß sie ihr Amt niederlege und nur bleibe, bis ein Ersatz für sie da sei. Als nach drei Tagen Miß Stanley nach Skutari kam, um Florence zu besuchen, mit der sie durch persönliche Freundschaft verbunden war, da richtete diese in Gegenwart eines Arztes und der Frau Bracebridge förmlich und feierlich das Ansinnen an sie, sie solle sofort ihre Nachfolgerin werden. Miß Stanley lehnte mit Entschiedenheit ab. –

Florence wollte einmal mit dem Kopf durch die Wand. Aber diesmal fand sie ihren Meister. Herbert spielte nicht den Beleidigten und suchte sich nicht zu rechtfertigen. Er gab ohne weiteres zu, daß er durch Aussendung der zweiten Truppe ohne vorhergehende Beratung mit ihr jedenfalls der Form nach die Abmachung übertreten habe. Dafür bat er um Entschuldigung, ging auf ihren Rücktritt in keiner Weise ein, ermächtigte sie aber, die ganze Pflegerinnenschar von Miß Stanley sofort auf seine eigenen privaten Kosten nach England zurückzuschicken. Der ganze Brief war so fein und zart abgefaßt, daß er in der Seele der Empfängerin die Beschämung über ihre maßlose Erregung erwecken mußte.

Und am Ende der ganzen Auseinandersetzung sagte Frau Herbert: „Vielleicht ist es ganz heilsam für uns, einmal daran erinnert zu werden, daß Flo noch immer ein sterblicher Mensch ist, was wir angefangen hatten zu bezweifeln." – Florence erklärte selbst, daß die Heimsendung der Pflegerinnen eine moralische Unmöglichkeit sei. Es wurden Mittel und Wege gefunden, sie segensreich zu beschäftigen. Allerdings eine Oberleitung und Verantwortung übernahm Florence für diese Gruppe nicht. Die Gerechtigkeit erfordert auch, nun noch hervorzuheben, daß Florences Protest doch nicht ganz allein auf weiblichem Eigensinn beruhte. Wir müssen bedenken, daß die ganze Unternehmung damals noch so neu war und von mancher Seite mit solchem Mißtrauen beobachtet wurde, daß es immerhin gewagt schien, irgendwelche Pflegerinnen ohne ganz genaue Überwachung zu lassen. Und Miß Stanley hatte eigentlich sofort wieder nach England zurückkehren wollen. Darum war Florence auch entschieden dagegen, daß Pflegerinnen in die Krim gehen; das geschah gegen ihren ausdrücklichen Wunsch. Daß sie nicht ganz unrecht hatte, ist übrigens auch daraus zu ersehen, daß gerade in der zweiten Gruppe das Zusammenarbeiten der verschiedenen Arten von Frauen erhebliche Schwierigkeiten verursachte, und daß von den bezahlten Wärterinnen die Hälfte wegen Trunksucht, Unsittlichkeit oder sonstiger Unbrauchbarkeit wieder nach Hause geschickt werden mußte. Daß im ganzen doch recht brauchbare Frauen gefunden wurden, geht deutlich daraus hervor, daß Florence, die am Anfang nicht über 20 hinausgehen wollte, vor dem Ende des Krieges 125 Pflegerinnen unter sich hatte.

Lassen wir uns einiges erzählen, was geeignet ist, ein Bild jener Tage zu geben! Eine von den Barmherzigen Schwestern, Marie Aloysius, beschreibt das seltsame Kostüm, welches die Regierung für ihre Pflegeschwestern, die Damen wie die Wärterinnen, geschaffen hatte – neben dem die Nonnentracht als eine recht vorteilhafte Kleidung gelten konnte: graues Umschlagtuch, Jacke aus Kammgarnstoff, weiße Haube, kurzer Wollrock und dazu über der rechten Schulter eine gräßliche Schärpe aus ungebleichter Leinwand mit der rot eingenähten Inschrift: Skutari-Spital. Die Kleider hatten sämtlich dasselbe Maß, so daß die großen Damen kurze Röcke hatten und die kleinen lange. Es war ein ähnlich unbegreiflicher Streich der Heeresverwaltung wie der, daß eine Schiffsladung von Stiefeln in die Krim gesandt wurde, die alle an den linken Fuß gehörten. Schwester Marie bemerkt mit feinem Humor: „Daß sich überhaupt Frauen

fanden, die bereit waren, in solch einem Kostüm herumzulaufen, das war gewiß ein Triumph der Gnade über die Natur."

Schwester Marie fand bei ihrer Ankunft im
Hospital in Skutari auch jetzt die Not der Unterbringung noch groß genug. „Schiff um
Schiff kam an; Krankenwärter trugen die armen Burschen den Berg hinauf, die mit ihren
Wunden und erfrorenen Gliedern zwei, drei
und mehr Tage auf dem Schwarzen Meer
herumgeworfen worden waren. Wo sollten
sie nun hin? Kein Bett ist frei. Man legte sie
auf den Boden, Mann an Mann, bis Betten
von Cholerakranken und andern frei geworden waren. Viele starben sofort nach der Ankunft; ihr Stöhnen war herzzerreißend, und
die im Todeskampf verzerrten Züge werde
ich nie wieder vergessen."

Man konnte allerdings mit Grund auf das
Freiwerden von Betten warten; denn die Cho-
leraanfälle führten nach vier bis fünf Stunden
zum Tode. Sie waren mit entsetzlichen Kräm-
pfen verbunden, die die Gelenke so steif
machten wie ein Stück Eisen. Und gerade die
kräftigen und gesunden Männer wurden davon am meisten heimgesucht; Rettung war

selten. Wochenlang ging es so fort – unausgesetzt begegneten sich die Tragbahren – die einen kamen mit den Kranken, die andern gingen mit den Toten.

Aber auch die Wirkungen des Frostes erzeugten kaum minder schreckliche Leidensbilder. „Denke Dir", schreibt Florence über die Strapazen der Soldaten an eine Freundin, „sie arbeiten fünf von sieben Nächten in den Laufgräben! Denke Dir, sie sind 36 Stunden hintereinander darin – so war's den ganzen Dezember durch – am Boden liegend oder halb liegend; keine Nahrung als rohes Pökelfleisch mit Zucker bestreut, dazu Rum und Zwieback; nichts Warmes, weil der erschöpfte Soldat sich sein Brennmaterial nicht selbst sammeln konnte, um sein Essen zu kochen, wie man es eigentlich erwartet hatte. Und denke Dir, durch all das rettet die Armee ihren Mut und ihre Geduld hindurch, wie es geschehen ist. Es ist wirklich ein erhabenes Schauspiel." Lassen wir die Schwester Marie noch genauer erzählen, wie die Leute aus diesen Laufgräben kamen. „Die Mannschaften hatten nur dünne Leinwandkleider – keine andere Kleidung, um den strengen Winter in der Krim auszuhalten. Wenn sie auf den Tragbahren hereingetragen waren, mußte man ihnen die Kleider vom Leibe schneiden. In den meisten Fällen war Fleisch und Kleid zusammengefroren; die Stiefel mußten Stück für Stück abgeschnitten werden, und das Fleisch ging mit ab; viele Stücke Fleisch habe ich im Stiefel zurückbleiben sehen. Man legte Breiumschläge auf, die mit Öl gepinselt waren. Als man sie aber am Morgen wegnahm – kann ich es je vergessen? –, da sah man die Sehnen und die Knochen bloßliegen. Die Ärzte und Wundärzte entfernten das kranke Fleisch so sorgfältig als möglich. Die Zehen waren überhaupt nicht mehr als solche zu erkennen."

Man konnte noch nach Jahrzehnten einzelne Kriegsveteranen, die in dem Park beim Chelsea-Hospital in London unter den Bäumen saßen, von den schrecklichen Mühsalen in den Laufgräben vor Sebastopol erzählen hören: wie man da in den Höhlen sitzen oder liegen mußte, die in den hartgefrorenen Boden gegraben waren, gerade tief genug, um die Köpfe vor den fliegenden Kugeln und platzenden Granaten zu decken. Wenn einmal einer es in der unbequemen Lage nicht mehr aushielt und sich nicht abhalten ließ, seine erstarrten und krämpfigen Glieder zu strecken, so war es mehr als wahrscheinlich, daß es ihm den Kopf wegriß. Dabei war die Kälte so schrecklich, daß die Soldaten manchmal, wenn es plötzlich zum Gefecht kam, nicht einmal imstande waren, ihre Gewehre abzudrücken. Ein Soldat, der sich in der Nacht umdrehen wollte, fand wohl, daß seine Füße an die seines Gegenüber angefroren waren. Die Opfer dieser Laufgräben also waren es, die die Spitäler überschwemmten − soweit sie nicht schon an Ort und Stelle oder auf dem Transport erlagen.

Die Heimat, die von den furchtbaren Leiden ihrer Söhne hörte, wurde nicht müde, immer neue Vorräte zu schicken. Ganze Schiffsladungen kamen in Skutari an − alles adressiert an Miß Nightingale; sie war die Vertrauensperson der Nation geworden; was man in ihre Hand legte, von dem wußte man, es kommt den Soldaten zugut. Die höchsten Kreise bis hinauf zum Hof dachten nun an die Soldaten, arbeiteten für sie, gaben für sie mit voller Hand. Die Königin selbst mit den jungen Prinzessinnen machte Scharpie und Binden, nähte Hemden und strickte Socken für die armen Burschen vor Sebastopol. Die Schwestern in Skutari wunderten sich manchmal über das, was ihnen in die Hände kam. Schwester Marie sagt, sie habe beim Sortieren der Leinwandvorräte gedacht: „Der hohe englische Adel muß seine Garderobe und seine Weißzeugschätze geplündert haben, um Verbandzeug für die Verwundeten zu senden. Da war die schönste Leibwäsche, da kamen die feinsten Batisthemden, nur da und dort mit der Schere durchgeschnitten, damit es nicht anders verwendet werden konnte. Manches Stück trug den königlichen Namen in prächtiger Stickerei.

Es ist klar, daß die regellose, vom überquellenden Gefühl geleitete Freigebigkeit doch nicht allen Bedürfnissen entsprechen konnte; Miß Nightingale hätte in vielen Fällen mit Geld, das ihr zu freier Verfügung überlassen worden wäre, mehr erreicht als mit diesen Naturalgaben: Wie manchmal wäre ihr derber Kattun mehr wert gewesen als bestickter Batist, und was nützten die Spitzenschleier den Soldaten, die Flanellhemden begehrten? Es kam aber die Stunde, da auch dieser stille Wunsch der Oberin in Erfüllung ging. Die Sammlung der „Times" zur Unterstützung der Verwundeten hatte einen schönen Ertrag gebracht. Es war ein Mann von untadeligem Charakter und scharfem Blick namens Macdonald beauftragt worden, in den Osten zu reisen und an Ort und Stelle die beste Art und Weise zu finden, wie das Geld zum Heile der Armee verwendet werden könne. Vor seiner Abreise meldet sich Macdonald beim Kriegsminister Herzog von Newcastle sowie beim Generalinspektor des Medizinalwesens und erhält den Bescheid: Nachdem die Regierung so umfassende Maßregeln ergriffen habe, sei es nicht wahrscheinlich, daß er für die ihm anvertrauten Gelder bei den Verwundeten und Kranken noch Verwendung finden werde. Als gewissenhafter Mann tritt er dennoch seine Reise an; weiß er doch von Sidney Herbert, daß unmöglich alles so glänzend stehen kann. Am Bosporus angekommen, findet er bei allen amtlichen Persönlichkeiten dasselbe freundliche Lächeln: es sei längst nichts mehr nötig von dem, was er bringe. Zum Glück ist aber Macdonald ein Mann, der sei-

ne Augen offen hat, und sieht als erste Veran-
schaulichung zu diesem selbstsicheren Urteil
ein Regiment im Drillichanzug nach der Krim
in See gehen. Der Regimentsarzt verrät ihm,
daß die Truppe tatsächlich nichts anzuziehen
hat, als was sie in Gibraltar getragen hatte,
woher sie eben gekommen war. Macdonald
besinnt sich nicht lange; er tut einen ersten
Griff in seinen Beutel, geht über die Straße
und ersteht in einem Warenhaus in Konstantinopel Flanellkleider für das Regiment. Als er
aber dann im wohltuenden Bewußtsein seiner
Nützlichkeit ins Kasernenlazarett in Skutari
kam, dessen Geschichte er nur allzu gut
kannte, da traute er doch seinen Ohren kaum,
als der leitende Arzt ihm sagte, daß keine Bedürfnisse vorhanden seien. Er ging an eine
höhere Instanz und empfing dort den guten
Rat: da doch das Geld für den beabsichtigten
Zweck völlig unnötig sei, so möge er es zur
Befriedigung eines längst gefühlten Bedürf-
nisses verwenden — und was wäre dieses Bedürfnis? — eine würdige Stätte für den Gottesdienst der anglikanischen Kirche in — Pera!
Glücklicherweise war der Mann, der sein
Geld nicht los werden konnte, so gut unter-

richtet, daß er sich nun um eine Unterredung mit Florence Nightingale bemühte und ihr seine Erfahrungen mitteilte. Jetzt endlich war er an die rechte Stelle gekommen. Die Oberin redete nicht viel, sondern sie gab dem klugen und edlen Mann einen genauen Einblick in die Forderungen, die täglich und stündlich im „Schwesternturm" zusammenliefen. Und wie oft konnte man sie mit dem besten Willen nicht erfüllen! Jetzt wurde die Sache nach gutem englischen Geschäftsbetrieb geregelt: Mr. Macdonald begleitete die Oberin auf ihren täglichen Rundgängen durch die Krankensäle und brachte jeden Tag ein paar Stunden neben ihr in ihrem Büro zu; – in sein Notizbuch trug er ein, was dringend nötig war, und gab dann die entsprechenden Aufträge an die Kaufhäuser in Konstantinopel. Es war für Florence eine tiefe Freude, nun einmal auch das milde Herz, den klaren Blick und die volle Hand beisammen gefunden zu haben. Jetzt endlich war's eine Freude, Vorsteherin zu sein.

Was Macdonald am Abend vor seiner Heimreise nach England über Florence Nightingale niedergeschrieben hat, darf als ein wertvolles und aus wirklichem Verständnis erwachsenes Zeugnis für ihre Person und ihr Werk gelten. „Wo immer die Krankheit in ihrer gefährlichsten Form auftritt, wo die Hand des Würgers beängstigend nahe ist, da ist diese unvergleichliche Frau sicherlich zu finden. Ihre wohltuende Gegenwart bringt erquickenden Trost, auch wo die menschliche Natur ihren letzten Kampf kämpft. Sie ist wirklich ohne jede Übertreibung der Schutzengel in diesem Lazarett, und wenn ihre zarte Gestalt ruhig und lautlos die Gänge entlang wandelt, geht über jedes armen Kerls Gesicht ein milder Schimmer der Dankbarkeit. Wenn alles ärztliche Personal sich zur Ruhe begeben hat, wenn Stille und Dunkel sich auf diese meilenlangen Reihen von Krankheit und Schmerz gesenkt hat, dann kann man sie allein mit einer kleinen Lampe in der Hand ihre einsame Runde machen sehen. – Der Volksinstinkt war auf richtiger Spur, als er diese Frau bei ihrer Ausreise zu dem Werke der Barmherzigkeit als eine Heldin ausrief. Ich hoffe und wünsche, daß sie sich nicht einen noch höheren, aber düsteren Namen verdienen möge. Aber wer ihre zier-

liche Gestalt und zarte Gesundheit beobachtet hat, kann sich der Besorgnis nicht erweh-
ren, daß diese einmal brechen könnte. Mit
dem Herzen eines echten Weibes und mit
dem Benehmen einer Dame, gebildeter und
feiner als die meisten ihres Geschlechts, verbindet sie eine überraschende Ruhe des Urteils und eine fertige Entschiedenheit des
Charakters. – Ich habe es bisher vermieden,
so von ihr zu sprechen, wie sie es verdient,
weil ich wohl wußte, daß kein Lobpreis von
mir ihren Verdiensten gerecht werden kann,
und daß ich andererseits dadurch die freie
Unbefangenheit hätte stören können, womit
sie die Hilfe, die ihr durch die Gelder geleistet wurde, angenommen hat. Da diese Hilfs-
quelle nunmehr nahezu erschöpft ist und
mein Auftrag sich seinem Ende zuneigt,
kann ich mich darüber freier ausdrücken,
und ich versichere also unbedenklich, daß
ohne Miß Nightingale dem englischen Volk
zu all seinen Ängsten auch noch der Schmerz
schwerlich erspart geblieben wäre, früher
oder später erfahren zu müssen, daß seine
Soldaten auch im Spital nur dürftige Zu-
flucht und Hilfe gefunden haben gegen die

beispiellosen Mühsale, die dieser Krieg bisher gebracht hat."

Als Macdonald sich anschickte nach Hause zu reisen, da war schon ein anderer Mann bereit, der vielbewunderten Freundin der Soldaten zu Hilfe zu eilen. Diesmal war es ein Franzose namens Soyer, ein Sachverständiger in Küchenangelegenheiten. Er wandte sich im Februar 1855 in einem Brief an den Schriftleiter der „Times" und bot seine unentgeltlichen Dienste zur musterhaften Einrichtung der großen Küche im Kasernenlazarett in Skutari an, unter der einen Bedingung, daß die Regierung ihm das Vertrauen schenken und ihm in seinem Gebiet freie Hand lassen wolle. Das Anerbieten wurde angenommen; Soyer kam im April in Skutari an. Florence hatte natürlich von seiner Absicht und Ausreise gehört, und er versäumte keinen Augenblick, sie aufzusuchen und ihr, auf Grund guter Empfehlungen von hochstehenden Persönlichkeiten, seine Dienste anzubieten. Die Oberin forderte ihren Gast sofort auf, sie auf einem Rundgang zu begleiten, und er gibt seine ersten Eindrücke folgendermaßen wieder: „Bei meiner Ankunft besichtigte ich zuerst in

Begleitung von Miß Nightingale und einem Sanitätsoffizier alle Vorratsräume, Küchen, Speisekammern, um einen Begriff zu bekommen von den geltenden Grundsätzen, Anordnungen und Rationen. Anstatt hier, wie mir mehrere Regierungsbeamte vor meiner Abreise versichert hatten, keine geeignete Küche anzutreffen, fand ich eine groß angelegte und weiträumige Kücheneinrichtung in geradezu großartiger und vollendeter Durchbildung. Ich muß insbesondere Miß Nightingale meinen Dank dafür aussprechen, daß sie mir aus ihrer trefflich eingerichteten Küche mit außerordentlicher Sachkenntnis alles Material überließ, damit ich anfangen konnte, und mir so mindestens eine kostbare Woche gewonnen hat, bis meine Musterküche am letzten Samstag ankam."

Es war also durchaus nicht so, daß Mr. Soyer Miß Nightingale hätte sagen müssen, wie man eine Küche einrichtet; der Sachverständige mußte vielmehr der Frau die Palme reichen. Er hat aber dann sofort seine Aufgabe darin gesehen, die Anregungen der Oberin für die bessere Verköstigung der Kranken auszuführen und ihr in vieler Hinsicht ein besseres Material, namentlich was Öfen und Feuerungsanlage betraf, zu liefern. So bekam sie manche Einrichtungen, von denen sie sich noch vor kurzem nichts hätte träumen lassen, und die Küche in Skutari ist tatsächlich zu einem Musterbetrieb geworden.

Die Interessen Soyers gingen jedoch nicht in Küchenfragen auf; er hatte ein Auge auch für die menschliche Größe der Frau, die ihm in seinem Fach solche Achtung abgenötigt hatte. Er erzählt, wie er einmal nach einem vergnügten Abend im Ärztezimmer um zwei Uhr morgens sein Quartier aufgesucht habe. Da gewahrte er in einem Winkel eines der langen, mit Kranken angefüllten Gänge eine Gruppe, deren Umrisse in schwacher Beleuchtung schattenrißartig hervortraten: ein sterbender Soldat halb aufgerichtet auf seinem Bett, und daneben Miß Nightingale sitzend und mit dem Bleistift auf ein Blatt Papier schreibend, was der Sterbende flüsterte, hinter ihr eine Schwester stehend, die eine Kerze hielt. Soyer kam heran und beobachtete ungesehen, wie der Soldat seine Uhr und einige Wertsachen in die zarten Hände der Oberin legte; er hörte, wie er mit der letzten

Kraft seines Atems den Abschiedsgruß an Weib und Kinder aufgab. – Ein Bild, das uns einen Schluß gestattet auf viel gutes Werk, das diese Frau dort unter den Geringsten getan hat, ungesehen, in der Stille der Nacht!

Wir verdanken dem lebhaften Franzosen, der ein begeisterter Verehrer der seltenen Frau geworden ist, auch eine Schilderung ihrer damaligen äußeren Erscheinung: „Sie ist von ziemlich großer Gestalt, von heller Gesichtsfarbe und schlanker Figur; das Haar braun und ganz schlicht getragen. Ihr Gesichtsausdruck ist in hohem Maße einnehmend, ihr Auge, von bläulicher Farbe, ist außerordentlich sprechend und sprüht immer von Geist. Der Mund ist klein und wohlgebildet, die Lippen bewegen sich im Einklang mit dem Herzen und tun dessen Empfindung kund – eins scheint der Widerschein des andern zu sein. Ihr Gesicht ist ungewöhnlich ausdrucksvoll, und man kann ihr fast in den Mienen lesen, was sie sagen will. Mitten hinein unter Angelegenheiten von größter Wichtigkeit gleitet manchmal ein feines Lächeln über ihre Züge, ein Beweis für die Ruhe ihres Naturells. Ein andermal bei einem Witz oder Scherz läßt sie ein glückliches, gutmütiges Lächeln ihr ganzes Gesicht beherrschen, und man hat nur das bezaubernde Weib vor sich. Ihr Anzug ist in der Regel grau oder schwarz; dazu trägt sie eine schlichte weiße Haube und oft eine grobe Schürze. Mit einem Wort, ihre ganze Erscheinung ist von einer wohltuenden Einfachheit und Ungeziertheit. Im Verkehr kann keine Frau liebenswürdiger und anmutiger sein als Miß Nightingale."

Wenn man die Berichte des galanten Franzosen liest, ist man versucht, für einen Augenblick wenigstens zu vergessen, daß wir uns noch immer im Haus des Todes befinden, da die Schaufel des Totengräbers niemals zur Ruhe kommt. Es ist nicht zu erwarten, daß der Todesengel an den Ärzten und Pflegerinnen vorübergehen werde, sie mußten auch ihr Opfer geben. Von den Ärzten wurden acht vom Nervenfieber niedergeworfen; sieben davon standen nicht mehr auf. Miß Nightingale konnte manchen von ihnen selbst bis zum Ende Beistand leisten und dadurch die größte Freude bereiten, die auf Erden für sie noch möglich war. Es gab eine Zeit, da nur noch ein einziger Mediziner im

Dienst war – und der hatte 24 Säle zu bedienen. Nun kam die Reihe auch an die Schwestern; drei legten sich ebenfalls am Fieber. Die Anforderungen an die Oberin wurden immer ungeheuerlicher. Aber sie blieb auf dem Platz. Es ist wenigstens nichts davon bekannt, daß sie einmal in diesem ganzen furchtbaren Winter ihren Dienst nicht getan hätte. Mr. Soyer sagte ihr nach, sie habe die Nerven eines Herkules; man war geneigt, anzunehmen, daß sie unter einem besonderen Schutze stehe.

Als der Frühling kam, da mußte Florence Nightingale zum ersten Male eine von ihren Schwestern ins Grab sinken sehen: Es war eine der besten, stark, blühend und mutig, die gleich anfangs mit ausgezogen und mit der Oberin auch durch persönliche Freundschaft verbunden war. Sie war später nach Kullali gegangen und dort mitten aus frischem Schaffen heraus aufs Kranken- und Totenbett gelegt worden. Zur Osterzeit wurde sie hinausgetragen durch die frühlingsschöne Welt unter dem blauen Himmel – im schlichten Sarg mit weißem Tuch verhüllt, voraus 50 Soldaten mit umgekehrten Gewehren, rechts und links vom Sarg die Schwestern und Pflegerinnen, dann folgten Ärzte und Offiziere. Christen und Mohammedaner vereint gaben der Märtyrerin der Liebe das letzte Geleit.

Auch drüben in der Krim, auf der Höhe über Balaklawa, mußte später für zwei aus der Schwesternschar das Grab gegraben werden. Und auch Florence Nightingale selbst sollte dort noch schwere Tage der Prüfung erleben.

Bis zum Tod getreu.

Viel war getan worden in dem halben Jahr, seit der laute Schrei der Entrüstung durchs englische Land gegangen war. Die maßlosen Leiden der Kranken und Verwundeten in den Lazaretten, soweit sie nicht unvermeidliche Folge des Krieges waren, konnten zum gro-ßen Teil als überwunden gelten. Daß es dazu gekommen ist, das ist das Werk von Florence Nightingale. Denn in ihr war nicht bloß er-barmende Liebe, Opfermut und Tüchtigkeit wie noch in vielen andern; in ihr war der klar überschauende Geist und der leitende Wille. Sie stand an des Feldherrn Platz in dem gro-ßen Kampf gegen Elend und Tod, und sie hat sich bewährt als ein Feldherr.

Wir erkennen erst recht, wie groß das Ver-dienst ist, das dieser Frau zukommt, wenn wir nebeneinanderstellen, was sie mit ihrer Schar getan hat und was die berufenen Män-ner der Regierung des großen England getan haben, als der dringende Ruf übers Meer schallte: „Kommt herüber und helft uns!" Man nahm in der Regierung die Sache nicht leicht, und man war überzeugt: Es muß gründlich geholfen werden. In denselben Tagen, da Florence Nightingale ihre Truppe anwarb und dann ausfuhr zum Dienst, da sandten die Männer der Regierung eine Kommission aus – sie bestand aus drei gewissenhaften, sachverständigen Männern – zwei davon waren Ärzte – : die sollte die bestehenden Verhältnisse und Bedürfnisse der kranken und verwundeten Truppen im Osten und ihre Unterbringung in Lazaretten untersuchen; sie sollte feststellen, ob die Einrichtungen für alle kommenden Möglichkeiten genügen; sie sollte ihre Nachforschungen fortsetzen, bis sie die volle und ganze Wahrheit festgestellt habe; dann sollte sie dem Kriegsministerium einen möglichst umfassenden Bericht vorlegen mit den dringendsten Fingerzeigen, wie die etwa bestehenden oder in Zukunft sich ergebenden Mängel im Sanitätswesen zu beseitigen seien. Man rechne einmal aus, wieviel Wochen im denkbar günstigsten Fall – auch wenn es keine Hindernisse gäbe, die solche

Erhebungen erschweren, auch wenn kein Beamter sich gegen die ihn störende und beleidigende Untersuchung empörte – verstreichen mußten, bis auf den Bericht und die Vorschläge die geeigneten Anordnungen von London hinauslaufen und dann in die Wirklichkeit übergeführt werden konnten – und man wird überzeugt sein, daß jeder brave Soldat, der zur Zeit der Niedersetzung der Kommission in irgendeinem Lazarett unter den Mängeln und Schäden litt, bis dahin längst in seinem Grabe von allen Mühsalen ruhen wird. Ja, wenn auch die Schildkröte der Bürokratie in noch so scharfen Galopp gesetzt wurde, sie konnte doch das Ziel niemals rechtzeitig erreichen. Die Kommission arbeitete rasch und gut; aber erst Ende Februar sandte sie ihren Bericht von Skutari ab. Wir wissen, daß damals längst durch Florence Nightingale und ihre Leute geschaffen war, was die klugen Männer als dringendes Bedürfnis feststellen mochten.

Trotz aller zweifellosen und nachweisbaren Erfolge der ausgezeichneten weiblichen Kräfte muß nun aber zugegeben werden: An die tiefste Wurzel des Übels in den Kriegslazaretten kam die weibliche Hand nicht, konnte sie nicht kommen. So vieles zumal in Skutari besser, ja gut, wenn nicht gar vorbildlich geworden war – die Sterblichkeitsziffer war nicht zurückgegangen, im Gegenteil, sie war in erschreckender Weise im Steigen begriffen, und dabei lieferten die Infektionskrankheiten, die man nicht als notwendige Begleiterscheinung des Krieges ansehen konnte, fast neun Zehntel aller Todesfälle. In den Monaten vom Eintritt der Kriegspflegerinnen an bis Ende Februar des folgenden Jahres war die Sterblichkeitsziffer von 8 Prozent bis zu der erschrecklichen Höhe von fast 43 Prozent gestiegen – in Kullali gar auf 52 Prozent – was hatte also aller Kampf im Grunde genützt? Am 25. Januar waren in Skutari 71 Tote zu bestatten. Das war allerdings die höchste Zahl für einen Tag, und am 26. waren es 70! Florence Nightingale selbst war die letzte, die mit ihren Erfolgen zufrieden gewesen wäre, solange die unerbittlichen Zahlen eine solche Sprache redeten. Bis gegen Mitte Dezember klingen die Berichte im ganzen hoffnungsvoll; auch die Oberin gibt zu, daß die Zustände sich bessern, auch wenn sie, wie be-

greiflich, vorerst grundsätzlich unzufrieden
sein muß. Dann aber kommt ein düsterer Ton
in ihre Berichte, und die Londoner Zeitungen
bringen wieder leidenschaftliche Klagen über
die Zustände im Lazarett in Skutari. Herbert
arbeitet Tag und Nacht, um alles in die Wege
zu leiten, was die Lage bessern konnte. Wer
will es der Frau, der die Not der armen Soldaten am ersten auf der Seele brannte und die
sich mehr als alle andern für ihr Wohl und
Wehe verantwortlich fühlte, verargen, wenn
nun die Ruhe des Gemütes sie zeitweilig verläßt und sie anfängt zu schreiben, als wäre
alles faul und verrottet? – Es ist um so be-
greiflicher, als auch sie selbst die tiefsten Ursachen des steigenden Elends nicht zu entdecken vermochte.

Am 8. Januar beginnt sie einen langen, in-
haltschweren Brief mit folgenden wuchtigen
Sätzen: „Lieber Mr. Herbert, da der größere
Teil der Armee (wir hören, es gebe in ihr
nicht mehr 2.000 gesunde Männer) ins Lazarett kommt; da also Tausende von Menschenleben auf dem Spiele stehen; da man in einem
Dienstverhältnis, in dem die Zukunft der Be-
amten von dem persönlichen Einfluß *eines*

Mannes abhängt, von diesen nicht erwarten kann, daß sie ihre Laufbahn gefährden, indem sie sich in den Ruf der Neuerungssucht bringen –, so habe ich den Eindruck, daß jetzt keine Zeit für Höflichkeiten oder falsche Rücksicht ist, und daß Sie niemals die ganze, peinliche Wahrheit zu hören bekommen werden, außer von einer Person, die von der Rücksicht auf Beförderung unabhängig ist." – Und dann kommt die große Anklage, bei der jeder sein Teil abbekommt: „Die Kommission hat nichts erreicht; nun, wahrscheinlich hat sie nur Vollmacht zur Untersuchung. C. (einer der leitenden Ärzte) hat nichts erreicht; Lord W. P. (der militärische Kommandant) hat nichts erreicht. Lord St. (der englische Gesandte) ist mit Politik beschäftigt und kennt die Verhältnisse nicht; Lord W. P. kennt sie nur teilweise; M. (der Chefarzt) kennt sie und will nichts verraten; W. (der Leiter des Lieferungswesens) kennt sie und hat den Kopf verloren. Die Sanitätsoffiziere, wenn sie je zu Verrätern hätten werden wollen, hätten nur aus persönlichen und beruflichen Interessen zu ihrem eigenen Vorteil berichtet. – Die Verhältnisse sind schlimmer als vor zwei

Monaten, und sie werden in zwei Monaten schlimmer sein als jetzt. Die Ärzte werden von ihren Vorgesetzten hochgenommen, weil sie Krankenbedürfnisse und Lebensmittel von mir geliefert bekommen; und darum tun die ungezogenen Kinder, als wüßten sie nicht, daß ihre Anweisungen an mich gelangen statt an den Lieferanten, und bringen dadurch mich in den Verdacht allzu großen Entgegenkommens." Hierauf weist Florence Nightingale nach, was die Intendantur geliefert hat und was sie. „Geliefert wird nichts – das ist die volle Wahrheit – außer Bettzeug, Brot, Fleisch, kaltem Wasser und Brennmaterial. Abgesehen von dem massenweisen Kochen in den großen Kesseln der allgemeinen Küche wird kein Fleisch gekocht, kein Wasser gesotten, außer was in meinen Hilfsküchen geschieht. – Die außergewöhnlichen Umstände einer ganzen Armee, die ihre Tornister hat zurücklassen müssen, sind in unserem ganzen Betrieb übersehen worden. Tatsächlich kleide ich jetzt die britische Armee. – Wenn die Leute hier entlassen werden, nehmen sie – und man kann es ihnen gar nicht sehr übelnehmen – sogar meine Messer und Gabeln,

selbstverständlich aber Hemden und Laza-
rettkleider mit. Sie müßten ja sonst nackt gehen. Dies Lazarett ausstatten heißt Wasser in
ein Sieb schütten, und es wird so bleiben, bis
genügend Vorräte von England kommen, um
die Nackenden zu kleiden und die Tornister
wieder zu füllen. – In einer Zeit solchen Unglücks, wie es in der Geschichte nicht seines-
gleichen hat – ich will wirklich glauben: Es ist
Unglück – habe ich ein wenig Mitleid übrig,
sogar für den unglücklichen Intendanturbe-
amten, der in Anforderungen untergegangen
ist, die er nie erwartet hat. Aber ich habe kein
Mitleid für die Männer, die lieber Hunderte
von Menschenleben zugrunde gehen sehen,
als ein einziges Bedenken der Bürokratie fahren lassen." Es folgt endlich eine ganze Liste
von dringenden Reformforderungen, die sich
namentlich auf das Lieferungswesen sowie
auf Krankenwärter und Lazarettgehilfen be-
ziehen.

War das nun Übertreibung? Überspannung
der notwendigen Forderung, nach dem Grund-
satz: Ich muß schreien, damit man wenigstens
glaubt, daß ich seufze? Oder ist es einfache
Wahrheit? – Wenigstens die eine, schreckliche

Seite der unerbittlichen Wahrheit. Es ist, als ob die feine, zartfühlende Miß Stanley die andere Seite hätte andeuten wollen, wenn sie ein kleines Billett an Mr. Herbert beilegte: „Mr. Herbert möge Trost schöpfen aus dem Gedanken, daß ich von allen nur ein Urteil gehört habe über die Hilfe, die die Pflegerinnen den leidenden Kriegern gebracht haben. In allen anderen Punkten gehen die Ansichten auseinander; über diesen Punkt sind sie alle einig. – Ich wollte Ihnen nur in der Eile ein hoffnungsvolles Wort senden, und seien Sie überzeugt, daß ich unbefangen und ehrlich handeln will."

Herbert schrieb sofort ein paar Zeilen zur Antwort an Florence: „Ich danke Ihnen aufrichtig für den eben angekommenen Brief; die Wahrheit ist furchtbar, aber es ist die Wahrheit, und ich will mein Äußerstes tun, um Ihre Forderungen zu erfüllen."

Liest man dann wieder einen Brief von dem Kommandanten in Skutari, zehn Tage nach Miß Nightingales düsterem Brief geschrieben, so haben wir abermals die Kehrseite der Medaille: Der Offizier spricht fast nur von den Verbesserungen, die erreicht sind, die Oberin ebenso ausschließlich von den Mißständen, die noch bestehen. Beides zusammen, und dazu die ruhigen Schilderungen von Miß Stanley, wird ein richtiges Bild der verwickelten Verhältnisse geben.

Florence Nightingale war, solange sie in der Arbeit stand, nicht imstande, ihre Mitarbeiter anzuerkennen: Gemessen an dem, was sie selbst leistete, und vollends an der Größe der Aufgabe, waren ihr alle anderen Leistungen ungenügend. In diesem Stück bleibt ihr Urteil gleich bis zum Schluß. „Unter all den Männern hier", fragt sie im Februar, „ist da ein einziger, dem das Wohl dieser Spitäler wirklich am Herzen liegt, einer, der nicht im tiefsten Grund ein falsches Geschöpf wäre, einer, der sich nicht, wenn's darauf ankommt, auf die Seite schlägt, wo etwas zu gewinnen ist, welche das auch sein mag? Ich bin wirklich der Ansicht: Von allen denen, die für das Schicksal dieser elenden Kranken in Betracht kommen, sind Sie und ich und Bracebridge die einzigen, die wirklich für sie besorgt gewesen sind." Sonst läßt sie etwa noch zwei von den Ärzten gelten und von ihrem Personal etwa sechzehn, ein andermal auch gar nur fünf. An allen anderen läßt sie nicht viel Gutes. Auch ein ganzes Jahr später, im März 1856, hält sie die Behauptung aufrecht, daß – wenn auch durch die Abnahme der Kranken alles anders aussehe – im System kein Schatten von einer wirklichen Verbesserung zu entdecken sei. „Alle sind noch ebenso unlöslich wie jemals verheiratet mit allem, was im spanischen Feldzug getan worden ist." – Florence Nightingale teilt mit vielen, die Großes vollbracht haben, die Eigenschaft, daß sie wenig Anerkennungsfähigkeit besaß. Das ist eine Schranke in ihrem Wesen, zweifellos; wir sähen lieber ein vollkommenes Bild vor uns. Aber es ist nicht unsere Aufgabe, aus Menschen von Fleisch und Blut Heiligenbilder zu machen. Und bedenken wir: Es ist der Schatten ihrer Größe; ihre Aufgabe war zu herrschen und zu regieren, sie mußte einer vielköpfigen Hydra den Garaus machen; sie ist wohl gerade so gewesen, daß sie das konnte, was die andern, die Weicheren, die Rücksichtsvollen, die Bedenklichen, nicht konnten. Und vergessen wir auch das andere nicht, was unsere Geschichte genugsam gezeigt hat: Florence Nigthingale hat auch eine sanfte

Stimme, auch eine milde Hand, auch ein warmes Herz gehabt – aber eben: Sie hatte mehr, sie hatte, was die Stunde forderte – die eisenharte Energie, die unerbittliche Strenge.

Schließlich kam doch auch in Skutari, freilich fast zu spät, die durchgreifende Besserung. Es handelte sich um tieferliegende Übel, denen man nicht von innen, auch nicht durch die trefflichste Krankenpflege und Hausverwaltung, sondern nur von außen durch umfassende Maßregeln, durch die Technik des Ingenieurs und mit dem Spaten des Erdarbeiters wirksam begegnen konnte.

Wer zuerst zu dieser wichtigen Erkenntnis gekommen ist, das läßt sich so genau nicht sagen, zumal dabei Menschen in Frage kommen, deren Art es war, das Ihre zu tun, und dann in den Hintergrund zu treten und den Ruhm andern zu lassen. Daß die Oberin in Skutari mit dabei beteiligt war, ist selbstverständlich, und wenn sie nicht selbst nach dem Ingenieur gerufen haben sollte, so bleibt ihr doch das größte Verdienst, die vielen verschiedenen Quellen des Elends verstopft zu haben, so daß man endlich sehen mußte: Es fließt noch immer die Hauptquelle! Dann aber begegnet uns hier der Name eines Mannes, den wir in dem England jener Tage überall zu treffen sicher sein dürfen, wo es sich um den planmäßigen Kampf der Menschenliebe gegen die großen Übel und Feinde der Wohlfahrt handelt: das ist der Graf Shaftesbury, der „gute Graf", unvergessen als Freund der Fabrikkinder, der Kohlenbergwerkskinder und der Kaminfegerjungen. Ihm hat Florence geschrieben: „Diese Kommission hat die britische Armee gerettet." Also auch eine Kommission – der Krimkrieg hat ihrer manche gezeitigt –, aber einmal eine treffliche, segensreiche. Der Graf war einer von den treuen Patrioten, die in der Heimat mit blutendem Herzen die Ereignisse des Kriegs verfolgten; er hat auch harte Worte gesprochen – wie konnte er anders? – über Männer, die solche nicht verdienten; er hat aber auch nicht vergessen, im Gebet für sein Volk in den Riß zu treten und in Demut sein Teil der allgemeinen Schuld auf sich zu nehmen. Ihm ist dann der rettende Gedanke geschenkt worden, und er hat gehandelt und geholfen. Er hatte eines Tages – in der Zeit der heftigsten Erregung –

ein Gespräch mit einem Arzt, der in Westindien zur Bekämpfung der Cholera tätig gewesen war. Man kam auf die Cholera in den Kriegslazaretten zu sprechen, und dem Grafen stand plötzlich, wie durch eine Eingebung, der Gedanke einer zu entsendenden Gesundheitskommission vor der Seele. Er machte sich sofort an die erhebliche Arbeit, die das bedeutete. Die Kommission wurde unverzüglich gebildet – aus Ärzten und Ingenieuren mit den nötigen Kräften zur Beaufsichtigung der zu unternehmenden Arbeiten. Der Graf selbst entwarf die genaue Instruktion – er hat sie mit eigener Hand geschrieben, und wenn auch nicht sein Name, sondern der des Kriegsministers darunter steht – sie ist doch sein Werk. Aber man merkt an jeder Zeile, daß er weiß, wie nutzlos, ja lächerlich eine Kommission in solchen Zeiten sein kann. Er weiß, daß nur rasche Hilfe hier überhaupt Hilfe ist. „Wir dürfen keine Zeit vergeuden; Minuten sind hier so wertvoll wie sonst Jahre." „Recht wenig Schreiberei, recht wenig Reden und recht viel Handeln – dann habe ich die kühnsten Hoffnungen." Inhaltlich sind die

Hauptpunkte der Instruktion: Wasserableitung, Ventilation, Wasserversorgung, Desinfektion; Lage der Begräbnisplätze; Gegenmittel gegen die durch die Frühjahrswärme verursachten Ausdünstungen des mit giftigen Stoffen getränkten Bodens; Unschädlichmachung der Abfallstoffe; Reinigung der mit verwesenden Körpern und anderem Unrat gefüllten Bucht von Balaklawa. – Das alles hatte freilich Florence Nightingale mit den Ihrigen nicht machen können. Nun geschah es rasch und gründlich. Die Instruktion ist vom Februar datiert; am 6. März kam die Kommission in Skutari an; in der zweiten Märzwoche war schon vieles im Gang, und am 17. dieses Monats konnte man die Wirkung bereits nachweisen. Der Erfolg war handgreiflich: Die Sterblichkeitsziffer fiel von 43 vom Hundert schrittweise bis auf 22 vom Tausend der behandelten Fälle, so daß im Juni 1855 der normale Stand des Militärspitals im Frieden erreicht war. Der Geschichtschreiber meint, der ganze Ton der Instruktion für die Gesundheitskommission sei sehr eigenartig und lege die Vermutung nahe, daß vieles darin – unmittelbar oder mittelbar – Sidney Herbert gehörte ja der Regierung an – auf weiblichen Einfluß zurückzuführen sei: es sei eine Sprache, wie wenn die pünktliche, unerbittliche Hausfrau hinter den Dienstmädchen her sei und sie bugsiere! Ein Beweis jedenfalls dafür, daß man im Krimkrieg überall, wo es sich um eine vernünftige Anordnung in Sachen der Krankenpflege handelt, unwillkürlich „die Frau sucht". Diese selbst hat jedenfalls dem Grafen Shaftesbury die Palme gereicht. Als sie im Jahre 1858 dem Kriegsamt ihren Bericht über das Sanitätswesen vorlegte, schickte sie ihm einen Abdruck und schrieb dazu: „Weil Lord Shaftesbury so viele Jahre unser Führer in Sanitätsangelegenheiten (wie in so vielen andern weisen und wohltätigen Dingen) gewesen ist, so schien es mir richtig, ihm einen Bericht zu senden, der so vieles von dem enthält, was er selbst geleistet hat – ich meine das Werk der Gesundheitskommission im Osten."

Erst als sie wirklich eine ernstliche Besserung der gesamten Zustände in den ihrer unmittelbaren Leitung unterstellten Lazaretten wahrnahm, konnte Florence Nightingale daran denken, nun auch den Kriegsschauplatz selbst noch zu besuchen.

Am 2. Mai des Jahres 1855 ging Miß Nightingale in See nach der Krim. Einen Teil ihrer Schwesternschaft nahm sie auch dorthin mit; ihr Freund Bracebridge begleitete sie, ebenso der Küchenreformer Mr. Soyer und außerdem ihr kleiner Leibbursche Thomas, ein zwölfjähriger Trommler. Er hatte seine Trommel an den Nagel gehängt und sich mit Leib und Seele seiner neuen Herrin verschrieben – ein Knabe voll von frischem Jungenübermut, von seiner Wichtigkeit ehrlich überzeugt, aber auch treu wie Gold – kein Feldherr oder König kann je einen ergebeneren Leibpagen gehabt haben.

Die dreitägige Seereise war für Florence eine schöne Erholung. Jetzt zum erstenmal hatte sie Zeit und Muße, die Schönheit des Landschaftsbildes am „Goldenen Horn" in sich aufzunehmen; jetzt auch sah sie zum erstenmal die Freitagsprozession des Sultans zum „Selamlik": von der Marmortreppe vor dem mächtigen, phantastisch geschmückten Palast Dolmabagdsche ging's auf märchenhaft aufgeputzten Kähnen unter Kanonendonner hinüber zur Moschee Mohammeds. Und nun kam die an prächtigen Bildern so reiche Fahrt durch den Bosporus: Mit einer Rheinfahrt haben sie manche Reisende verglichen, nur viel stolzer und großartiger; eine Wasserstraße von 500 bis zu 3.000 Meter Breite, von stattlichen Bergmauern eingeschlossen, die in reizvollem Wechsel bald trotzige Hänge vorschieben, bald in lieblichen Tälern und Buchten zur Seite weichen; zu einer ununterbrochenen Fest- und Triumphstraße gemacht durch unzählige Paläste, Landhäuser, Städte und Dörfer, zwischen prächtige Parks und Baumgruppen gebettet – bis endlich die Ufer kahl und steil und steinig werden und die Spuren menschlicher Ansiedlungen fast ganz verschwinden. Man fährt ein in das „Schwarze Meer" mit seiner prächtigen blauen Farbe, mit seinen gefürchteten Stürmen und schweren Nebeln. – Wie mag Florences schönheitsdurstiges Auge sich geweidet haben an der lang entbehrten Herrlichkeit der Natur! Doch müßte sie ja nicht gewesen sein, die sie war, hätte sie nicht auch während der Seefahrt ihren Beruf ausgeübt. Waren doch 600 Soldaten an Bord, und unter ihnen fehl-

ten auch Kranke nicht. Am Sonntag machte die Freundin der Soldaten mit dem Kapi-
tän die Runde im Zwischendeck und brachte
überall, wohin sie kam, Freude, Erquickung,
Sonnenschein.

Doch wie war es der Reisenden selbst an
diesem wichtigen Einschnitt in ihrer Tätigkeit zumute? Wir erfahren es aus einem Brief,
den sie vor der Ankunft in der Krim nach
Hause schrieb: „Eure arme alte Flo, sie fährt
durch den Bosporus und über das Schwarze
Meer mit vier Pflegerinnen, zwei Köchen
und einem Buben nach der Krim, und bringt
420 von ihren Pfleglingen, einen Zug von
Genesenen, die zu ihren Regimentern zurückkehren, um sich wieder schießen zu lassen. ‚Eine Mutter in Israel‘ nannte mich Pastor Fliedner, eine Mutter bei der Garde ist
jetzt die passendere Bezeichnung. Wie kommt
das Euch vor im Wohnzimmer in Embley?
Vielleicht befremdlicher als mir, die ich heute, am 5. Mai im Jahr des Unheils 1855, 6
Monate in Skutari gewesen bin: Ich bin mit
Gott zufrieden, ich erfülle den Zweck, zu
dem ich auf die Welt gekommen bin. Was die
Enttäuschungen am Schluß dieser 6 Monate

sind, kann niemand sagen. Aber ich bin nicht tot, sondern lebendig."

Das dumpfe Donnern der Geschütze vor Sebastopol war für die Reisenden der Maßstab ihrer Annäherung an das Ziel der Fahrt. Schließlich kam man so nahe heran, daß man in der Vorpostenlinie ganz deutlich eine russische Abteilung sich bewegen sah. Eine Stunde später ging das Schiff in der Bucht von Balaklawa vor Anker. Die Verdecke der zahlreichen Schiffe, die im Hafen lagen, waren voll von Neugierigen – nicht ein englisches Schiff, nicht englische Soldaten begehrten sie zu sehen; Miß Nightingale war die Sehenswürdigkeit des Tages. Freilich war es nicht ganz leicht, sie zu Gesicht zu bekommen; denn sie hatte es noch immer nicht gelernt, sich als eine Berühmtheit zu fühlen. Der Leiter und die sonstigen Ärzte des Lazaretts in Balaklawa kamen an Bord, um sie zu begrüßen; als aber eine Stunde später der Oberkommandierende der englischen Streitkräfte, Lord Raglan, seinen Besuch abstatten wollte, da war sie bereits gelandet und stand in der Arbeit, der Besichtigung des Lazaretts. Am folgenden Tag machte sie sich zu Pferde in Begleitung von

Bracebridge, Soyer und einigen anderen Freunden auf den Weg zum Lager, um Lord Raglans Besuch zu erwidern. Die Erscheinung einer so wohlberittenen Dame erregte begreifliches Aufsehen. Mr. Soyer erzählt mit dem Stolz des persönlichen Adjutanten einer Fürstin, wie elegant Miß Nightingale ihr prächtiges goldfarbiges Roß getummelt habe. Doch zeigte sich bald, daß sie ihre auf den Gefilden der Heimat von Kindheit an geübte Reitkunst recht nötig brauchen konnte. Der Weg war zwar nicht mehr unpassierbar wie im Winter; aber er war noch immer schlecht, eng und mit Menschen, Pferden, Maultieren, Ochsen, Munitionskolonnen, Truppen aller Waffen in beängstigender Weise überfüllt. Aber Florence saß auch hier fest im Sattel. – Auf dem Wege wurde ein Lazarett in der kleinen griechischen Kirche in dem Dorf Kadikoi, später mehrere Regimentslazarette besichtigt; auf einer Höhe erschloß sich ein überraschender Blick auf das englische Lager mit seinen unzähligen weißen Zelten. Florence hielt an und schaute hinab, still und lange. Das also war der Ort, von dem die Verwundeten in Skutari so oft erzählt, das war das

verwunschene Reich, in dem sie in ihren
Träumen und Fieberphantasien umherirrten.
Das war das Feld, auf dem der Tod so reiche
Ernte hielt! Florence ließ sich manche Stätten
zeigen, an denen berühmt gewordene Heldentaten vollbracht worden waren. Doch
schaute sie nicht mit dem Auge des Soldaten,
sondern mit dem Herzen der Liebe lange,
lange auf das kriegerische Bild und wandte
sich dann traurig hinweg. Da der General im
Hauptquartier nicht angetroffen wurde, ging
es weiter zum allgemeinen Hospital, das einige hundert Kranke und Verwundete beherbergte. Der Besuch der „guten Frau von Skutari" machte große Freude. Als sie weiterrit-
ten, konnte es nicht ausbleiben, daß der eine
oder andere von den früheren Patienten oder
Wärtern von Skutari seine geliebte Oberin zu
Gesicht bekam, und nun brach ein Hoch und
Hurra unter den Truppen los, das sich immer
gewaltiger und stürmischer fortpflanzte, so
daß schließlich doch einer der Freunde absit-
zen und das scheuende Pferd der Herrin am
Zügel führen mußte.

So nah an der belagerten Feste äußerte sie
den Wunsch, einen Blick auf sie tun zu dür-

fen. Eine kleine Kolonne wurde als Begleitung mitgegeben. Aber sie zog bei weiterer
Annäherung sofort das feindliche Feuer auf
sich, und ein Posten bat die Reiter dringend
abzusitzen, indem er auf die umherliegenden
Kugeln und Geschoßstücke wies. Sie traten
darauf in ein Vorwerk und sahen durchs
Fernrohr auf die Stadt und auf die Stellungen des Gegners. – Miß Nightingale wollte
noch weiter voran in die Laufgräben; die
Freunde waren gern dabei, der Posten warnte ernstlich. Aber er erstaunte, als die Dame
ihm antwortete: „Mein guter junger Freund,
mehr Tote und Verwundete sind schon durch
meine Hände gegangen, als Sie hoffentlich in
Ihrer ganzen kriegerischen Laufbahn auf
dem Schlachtfeld zu sehen kriegen; Sie dürfen mir glauben, ich habe keine Furcht vor
dem Tode." Sie hatte ja wohl ein Recht, die
Stätten des Kampfes und Todes zu sehen,
woher ihre leidenden Pfleglinge kamen. Aber
es ist uns lieb, daß das Folgende auf die Verantwortung des Franzosen kommt, der in
dem Ruhm der Herrin seinen eigenen genoß.
Mr. Soyer erzählt, ehe man die Batterie verließ, habe er Miß Nightingale um die Gunst

gebeten, ihm die Hand zu reichen. Als sie willfahrte, führte er sie auf die Schutzwehr neben der Lafette des Mörsers, der dort stand, und brachte sie dazu, sich auf das Geschützrohr zu setzen. Und dann benützte er die schlau herbeigeführte Gelegenheit, um ein Hurra auszubringen auf die „heldenhafte Tochter von England", „die Freundin der Soldaten". Die Huldigung wurde natürlich mit Begeisterung aufgenommen, die Truppen in der Nähe stimmten mit ein, und die Russen in Sebastopol wurden aufmerksam. – Erst mit sinkender Nacht wurde der Rückweg angetreten. Die Reiter verirrten sich im Lager und sahen sich auf einmal inmitten eines französischen Biwaks, wo die Zuaven ihren Kaffee tranken und afrikanische Lieder sangen. Man warnte sie, den unsicheren Weg nach Balaklawa in der Nacht zu wagen; aber sie wollten auf alle Gefahr weiter reiten. Es ging einen steilen, schlüpfrigen Hohlweg hinab; Florences Pferd mußte am Zügel geführt werden, wobei der Führer sich durch einen Stoß ernstlich im Gesicht verwundete. Doch kam sie von dieser abenteuerlichen Fahrt wohlbehalten wieder in ihrer Kabine im

Hafen an. Lord Raglan aber, als er davon hörte, gab dem durch den Besuch der seltenen Frau ausgezeichneten Geschütz den Namen „Nightingale-Mörser".

Der folgende Tag war der Besichtigung des Lazaretts in Balaklawa gewidmet, sodann des Sanatoriums, das aus einer Anzahl von Baracken auf steiler Berghöhe bestand. Der Tag war sehr heiß und die Anstrengung nicht unbedeutend. Unterwegs besuchte Miß Nightingale auch einen kranken Offizier in einer einsamen Baracke. Noch einige Tage vergingen in ähnlicher Arbeit. Da wurde sie ganz plötzlich von schwerem Unwohlsein befallen; die Ärzte erklärten es für die schlimmste Form des Krim-Fiebers und ordneten sofortige Überführung vom Schiff ins Sanatorium auf der Höhe an. Auf einer Tragbahre wurde sie von Soldaten getragen; eine vertraute Schwester begleitete sie; ein Freund schützte das Gesicht durch einen Sonnenschirm, und Thomas, der Leibbursche, folgte bitterlich weinend. Die teilnehmenden Freunde waren so zahlreich versammelt, daß man eine Stunde brauchte, bis die Höhe erstiegen war. Man wählte eine Baracke an einem kleinen Bächlein, das von Frühlingsblumen prächtig umsäumt war. Fünf Tage lag die Frau, die bisher alle Gefahren unberührt bestanden hatte, in bedenklichem Zustand. Die traurige Kunde, daß sie im Sterben sei, verbreitete sich mit Windeseile; in Skutari im Kasernenlazarett, so berichtete einer, wandten sich die Soldaten nach der Wand und weinten; in London sprachen die Leitartikel der Zeitungen von dem großen nationalen Unglück.

Wohltuend ist es, zu sehen, wie gefaßt die Familie an die schwerkranke Tochter in der Ferne dachte: „Hier sitzen wir", so schreibt die Schwester in Embley, „und warten auf die Leute, die aus der Kirche kommen – wir haben nicht den ganzen Gottesdienst mitgemacht –, um dann auch hinzugehen zum Abendmahl, das sie so sehr liebt, das wir immer mit ihr und mit Gott empfangen und das sie im Geist oder in Wirklichkeit heute empfängt, wenn sie am Leben ist, und wenn nicht, dann empfängt sie es in einem höheren und seligeren Sinne. Mama sagte: ,Ich danke Gott, daß sie bereit ist zum Leben oder zum Tod' – und darin wollen wir in Wahrheit Ruhe zu fin-

den suchen, wenn auch das Herz zittern würde, fürchte ich, wenn nicht im tiefsten Grund
noch Hoffnung wäre."

Doch bald kam die Botschaft von einer
günstigen Wendung, die die Krankheit genommen; die Kranke selbst führte die Besserung auf die Freude zurück, die sie erlebte,
als ihr ein Strauß von Feldblumen ans Bett
gebracht wurde. Auf die Nachricht von der
Erkrankung der Oberin kam auch Lord Raglan vom Hauptquartier herübergeritten. Die
Schwester, die ihre Freundin verpflegte, gibt
davon einen anschaulichen Bericht. „Es war
gegen 5 Uhr nachmittags, als er kam. Miß
Nightingale war eingeschlummert nach einer
sehr unruhigen Nacht. Es war ein Gewitter
gewesen und sehr naß. Ich war in meinem
Stübchen mit Nähen beschäftigt, als zwei
Reiter in langen Gummimänteln, triefend vor
Nässe, an die Tür klopften. Ich ging hinaus,
und der eine fragte, in welcher Baracke Miß
Nightingale liege. Er sprach so laut, daß
ich sagte: „Bst, bst! Machen Sie doch keinen
so schrecklichen Lärm, guter Freund" – und
gleichzeitig mit beiden Händen Stille gebot.
Er wiederholte seine Frage etwas weniger

laut, und ich sagte ihm, er sei am richtigen
Ort. „Gut", sagte er, sprang vom Pferd und
wollte geradewegs hereinlaufen; da schob ich
ihn zurück und fragte, was er wolle und wen
er suche. „Miß Nightingale", sagte er. –
„Und bitte, wer sind Sie?" – „Ach, eben ein
Soldat; aber ich muß sie sehen; ich komme
weit her; mein Name ist Raglan, sie kennt
mich ganz gut." – Miß Nightingale hörte das,
rief mich hinein und sagte: „O, es ist Lord
Raglan. Sagen Sie ihm doch, ich habe ein
sehr böses Fieber, und es sei gefährlich für
ihn, mir nahe zu kommen." „Ich habe keine
Angst vor Fieber oder irgend etwas anderem", erwiderte der Lord. Und ehe ich Zeit
hatte, mich umzudrehen, kam er auch schon
herein. Er nahm einen Stuhl, setzte sich am
Fußende des Bettes, fragte Miß Nightingale
freundlich nach ihrem Ergehen, indem er
seine Besorgnis wegen ihrer Erkrankung
ausdrückte, und dankte ihr und rühmte sie
für das Gute, das sie seinen Truppen getan
habe. Er wünschte ihr eine rasche Genesung
und sprach die Hoffnung aus, daß sie bald
imstande sein werde, ihre unschätzbare Liebesarbeit wieder aufzunehmen, die von je-

dermann so hoch gewertet werde wie von ihm selbst. Dann verabschiedete er sich und schickte sich an zu gehen. Ich wollte mich entschuldigen, aber er sagte: „Keineswegs, gnädige Frau, Sie waren ganz im Recht. Ich sehe, daß Miß Nightingale meinen Brief noch nicht bekommen hat, in dem ich meine Absicht ankündigte, sie heute zu besuchen, nachdem ich mich zuerst beim Arzt erkundigt hatte, ob man sie sehen dürfe."

Zwölf Tage nach dem Anfall war Florence so weit in der Genesung, daß die Ärzte ihre unverzügliche Heimreise anordneten. Sie aber weigerte sich aufs entschiedenste, da sie ihren Posten noch nicht verlassen dürfe. Dagegen war sie bereit, nach Skutari zurückzukehren, um sich dort vollends zu erholen; dann aber wollte sie zur Vollendung ihrer Arbeit nochmals in die Krim kommen. Nachdem auf mehreren Schiffen keine günstige Unterbringung der Kranken erreicht war, bot ihr ein englischer Lord, der zur Hilfeleistung für Kranke und Verwundete in die Krim gekommen war, seine Jacht zur Fahrt nach Skutari an. So wurde dieses schwimmende Lusthaus ihr allein mit ihrer persönlichen Begleitung eingeräumt, und sie hatte einen Transport, wie ihn keine Königin besser hätte bekommen können. Lord Raglan machte ihr vor der Abreise noch einen Besuch, und es ist der Abschiedsbesuch geworden: Am 28. Juni 1855, zehn Tage nach einem mißglückten Hauptangriff auf die Festung, bei dem er gegen seine Überzeugung dem französischen Oberbefehlshaber nachgegeben hatte, starb Lord Raglan; der vielangefochtene, übel verkannte Heerführer durfte es nicht mehr erleben, daß der Krieg zum glücklichen Ende geführt wurde. Wellington, unter dem er einst bei Waterloo seinen rechten Arm verloren hatte, hat von ihm gesagt: „Ein Mann, der keine Lüge sagen würde, um sein Leben dadurch zu retten." Er hat zur Förderung der Aufgabe von Florence Nightingale getan, was er konnte.

In Skutari angekommen, nicht viel mehr als einen Monat nach ihrer Abreise, wurde sie von den maßgebenden Persönlichkeiten ehrenvoll empfangen. Bei der Ankunft war die Genesende noch äußerst schwach. „Ach", berichtete ein Soldat, „man konnte nichts Traurigeres sehen als diese liebe Dame auf einer

Bahre vom Hafen heraufgetragen, ganz wie wir Männer, vielleicht von einigen der Burschen, die sie selbst gepflegt hatte."

Frau Bracebridge sagt, sie habe nicht selber essen und nur flüsternd sprechen können. In der freundlichen Umgebung und sorgsamen Pflege erlangte sie rasch ihre Kraft wieder. In den Wochen der Genesung wandelte sie oft und gern unter den prächtigen Zypressen des altheiligen Begräbnisplatzes von Skutari – er liegt auf einer freien Höhe über dem Meer und bietet einen prächtigen Blick hinaus auf den Bosporus. Fast eine Stunde weit dehnt sich das Gräberfeld, das größte des Morgenlandes, da die Türken es für Frevel halten, jemals ein Grab zu öffnen und zum zweitenmal zu benützen. Hier, auf dem heimatlichen Boden Asiens, läßt sich der rechte Türke bestatten, auch wenn er drüben auf europäischer Seite gestorben ist. So dicht ist das Dach der düsteren Zypressen, daß die Sonne nicht durchzudringen vermag. Anschließend an diese altehrwürdige Stätte hatte die türkische Regierung einen Platz zur Bestattung der englischen Opfer des Kriegs angewiesen – etwa 4.000 Soldaten sind bis zum Schluß des

Krieges hier zur Ruhe gelegt worden. Florence fand hier viele Freunde — sie hat später getrocknete Blumen und Gräser von den Gräbern am Bosporus unter ihren Erinnerungen aufbewahrt. Sie hat auch die Zeit ihrer Muße dazu benützt, um die Errichtung eines Ehrendenkmals für die Opfer des grausamen Krieges in die Wege zu leiten: Eine Marmorsäule mit vier trauernden Engeln kündet in vier Sprachen, wer dort begraben liegt. Daß sie selbst, die so vielen das Sterben versüßt und so manchem das Leben gerettet hat, nicht auch dort ruht, dürfen wir als freundliche Fügung des Gottes verzeichnen, der keinen Arbeiter abruft, ehe sein Werk vollbracht ist.

Während die Freundin der Soldaten sich mit dem Gedanken eines Ehrendenkmals trug, war man in der Heimat damit beschäftigt, einen würdigen Ausdruck für den Dank der Nation an sie zu finden. Die Königin selbst hatte sich im Juli an Sidney Herbert gewandt, und dieser gab die Antwort, daß es nur *eine* Form gebe, in der Miß Nightingale den Dank der Nation annehmen werde: die Sammlung einer Spende, die sie instandsetzen würde, das Krankenpflegewesen in London nach ihren Grundsätzen neu zu organisieren. Er, der sie kannte, sagte treffend: „Manche haben eingewandt: Wenn sie so viel getan hat, warum ihr mehr aufladen? Die so denken, kennen Miß Nightingale nicht. Sie gehört zu denen, welchen das Leben eine heilig ernste Sache ist. Verlassen Sie sich darauf. Sie können ihr keine Ehrung erweisen, die ihrem Herzen teurer ist, als indem Sie ihr mehr zu wirken geben." Der Plan kam sofort in Fluß: Ein Komitee für die „Nightingale-Hospital-Spende" bildete sich.

Im November 1855 fand in London eine Versammlung zugunsten der Nationalspende statt. Wir gewinnen einen unmittelbaren Eindruck von den Gefühlen, welche die nächsten Angehörigen der berühmt gewordenen Tochter Englands bewegten, aus einem Brief der Mutter: „Dieser 29. November ist der merkwürdigste Tag im Leben Deiner Mutter. Es ist schon sehr spät, mein Kind, aber ich kann nicht zu Bett gehen, ohne Dir zu sagen, daß Deine Versammlung einen glänzenden Verlauf genommen hat. Ich glaube, daß Du Deinem Ruf gegenüber gleichgültiger bist als irgend jemand von uns, aber es muß Dich freuen, daß wir fühlen: Dies ist ein stolzer Tag für uns. Denn so etwas hat es noch nie früher gegeben, aber es wird, das hoffe ich zuversichtlich, durch Dein Beispiel die Herzen von vielen künftigen Müttern erfreuen." Und der Vater schrieb an seine Schwester: „Stelle Dir, wenn Du kannst, unsre Freude vor über die unbegrenzte Einmütigkeit der Versammlung, die unsre Flo geehrt hat mit ihrem unbedingten Zeugnis: Gut gemacht! und Glück auf! Ich bin nicht der Mann, der leicht zufrieden wäre mit den Dingen, die ich sehe und fühle oder höre oder denke, aber alle Leute scheinen darin einig zu sein, daß hier gar nichts fehlt."

Die also Geehrte selbst schrieb den Eltern: „Wenn mein Name, und wenn der Umstand, daß ich für Gott und Menschheit getan habe, was ich konnte, Euch Freude gegeben hat, so ist das eine wirkliche Freude für mich. Meine Ehre hat für mich bei meinem Werk keine Rolle gespielt, aber wenn Ihr zufriedengestellt seid, das ist genug. Ich werde jetzt meinen Namen lieben, ich empfinde es als den größten Lohn, daß Ihr Befriedigung fühlet, wenn

Ihr Euer Kind nennen höret, und wenn Ihr inne werdet, daß sein Werk Liebe erzeugt – ein gewisser Dank für das, was Ihr für mich getan habt. Das Leben ist dennoch süß."

Florence Nightingale war über den Gedanken einer Nationalspende sehr erfreut, betonte aber sofort, daß sie an die Übernahme einer neuen Aufgabe erst denken könne, wenn ihr bisheriges Werk vollständig abgeschlossen sei. Dies war auch mit dem Aufhören der Feindseligkeiten, ja auch mit dem Friedensschluß noch keineswegs der Fall. Die Kriegslazarette waren noch nicht leer, die Armee war noch nicht in der Heimat.

Am 9. September 1855 fiel Sebastopol nach einer Belagerung von fast 12 Monaten. Der Siegesjubel in der Heimat kam der Nightingale-Spende zugut. Öffentliche Versammlungen und Veranstaltungen aller Art zugunsten der Sache gingen im Lauf des Winters von der Hauptstadt durchs ganze Land und durch das ganze britische Reich bis nach Amerika, Indien und China. In den Kirchen wurden Opfer gesammelt, Konzerte, Verkäufe aller Art steuerten bei – die berühmte Sängerin Jenny Lind spendete den vollen Ertrag eines

Konzertes mit fast 40.000 Mark; die Soldaten gaben eine Tageslöhnung – so kam die Summe von 880.000 Mark zusammen. Die gewünschte Million wäre sicher voll geworden, wenn nicht Miß Nightingale selbst die Sammlung geschlossen und die Wohltätigkeit der Nation auf ein anderes Ziel gelenkt hätte: die Unterstützung der Überschwemmten in Frankreich im Jahre 1857: Auch die Verbündeten vom Krieg sollten etwas von Englands Dank verspüren.

Sobald ihre Gesundheit es erlaubte, war Florence Nightingale wieder nach der Krim in die See gegangen. Zunächst ein zweites Mal Anfang Oktober 1855, worauf sie Ende November durch die Nachricht vom Ausbruch einer ernsten Choleraseuche im Kasernenlazarett nach Skutari zurückgerufen wurde; dann aber noch ein drittes Mal am Karfreitag des Jahres 1856, diesmal auf dringende Aufforderung von seiten der dortigen Spitäler. Die Zeit dieses zweiten und dritten Aufenthalts in der Krim ist in mancher Hinsicht noch die schwerste für Florence geworden. Es fehlte noch immer nicht an solchen, die sie ungern kommen sahen, sowohl unter den

Ärzten als namentlich unter den Männern der Heeresversorgung. Dabei gab diesen eine Handhabe die Tatsache, daß sie, wie wir uns erinnern, seinerzeit nur als Oberleiterin der Kriegsspitäler in der Türkei bezeichnet worden war. Demnach hatte sie, wenn man auf den Buchstaben hinaufsitzen wollte, in Balaklawa nichts zu suchen.

„Hier gibt es nicht eine Amtsperson, die mich nicht verbrennen würde wie Johanna d'Arc, wenn sie könnte; aber sie wissen, daß das Kriegsamt mich nicht wegschicken kann, weil das Land auf meiner Seite steht." Irremachen läßt sie sich durch all den Widerstand nicht: „Wir bringen die Dinge doch fertig, nur ein wenig langsamer. Der Kern der Beschwerde gegen uns ist das: Wenn wir auch den leitenden Ärzten unterstellt sind, sind wir ihnen doch überlegen an Einfluß und in der Aussicht, in der Heimat gehört zu werden. Es ist kein gesunder Zustand, aber so geht es im Krieg in England zu."

Gegen den Vorwurf unberechtigter Einmischung in das Verpflegungswesen wußte sich die für ihre Leute besorgte Oberin wirksam zu wehren. So schreibt sie Anfang April:

„Ich bin hier am 24. März angekommen mit Pflegerinnen, die im Schreiben vom 10. verlangt worden waren. Wir sind nun 10 Tage ohne Verpflegung gewesen. Lord Cardigan war überrascht zu finden, daß seine Pferde nach 14 Tagen starben, weil sie ohne Futter waren, und sagte, sie haben es vorgezogen, so zu tun, die eigensinnigen Geschöpfe! Der Oberinspektor und die Lieferanten wünschen festzustellen, ob Frauen ebenso lang ohne Verpflegung leben können wie Pferde. Ich danke Gott, daß meine Pfleglinge weder Kälte noch Hunger gefühlt haben. Sie sind auch in erfolgreicher Arbeit tätig: Sie haben vom ersten Tag nach ihrer Ankunft an in beiden Spitälern die gesamten Extramahlzeiten für 260 schlimme Fälle gekocht und geliefert. Dagegen habe ich selbst beides empfunden, Kälte und Hunger. Ich habe kein Bedürfnis, einen Märtyrer aus mir zu machen. Angesichts der Gräber der Krim-Armee vom letzten Winter – in England allzubald vergessen – wäre es schwer, das zu tun. Ich freue mich, diese Erfahrung gemacht zu haben. Denn Kälte und Hunger schärfen den Verstand außerordentlich. – Während dieser zehn Tage habe ich diese

Frauen ernährt und erwärmt auf meine eigenen privaten Kosten und durch meine eigenen privaten Anstrengungen. Ich bin nie aus dem Sattel gekommen bis 9 oder 10 Uhr abends, außer wenn ich zu Fuß heimging, weil es selbst mit einer Laterne zu dunkel war, um über diese Klippen zu reiten. Den größeren Teil des Tages bin ich notgedrungen ohne Nahrung gewesen, abgesehen von ein wenig Branntwein mit Wasser. – Sie sehen, ich verfalle aufs Trinken wie meine Kameraden vom Heere. Aber der Zweck meines Kommens ist erreicht worden, und meine Frauen haben weder gehungert noch sonst gelitten."

An ihren Freund Herbert konnte sie sich in allen ihren Nöten wenden, ihm konnte sie klagen, ihn durfte sie auch schelten, auch für das, woran er nicht schuldiger war als sie selber. Er hat die Freundin am besten von allen verstanden, er hat sie auch am besten zu behandeln gewußt. Wie er ihren Unmut durch weise Nachgiebigkeit entwaffnet, wie er ihr auch nach der Art eines Vaters, ja fast eines Seelsorgers die Wahrheit sagen konnte, dafür noch ein Beispiel aus dem Anfang des Jahres 1856.

Florence hatte ihre Beschwerden gegen die Regierung aufgesetzt und bat ihren Freund, ihre Sache im Parlament zu unterstützen durch einen Antrag auf Vorlegung der Akten zu ihrer Rechtfertigung. Er war ganz und gar dagegen; er machte seine leidenschaftliche Freundin darauf aufmerksam, daß es immer noch Zeit sei, sich zu wehren, wenn man angegriffen werde; daß ihre beabsichtigte Rechtfertigung für viele Leute zuerst einmal das beweisen würde, daß der Wert der weiblichen Kräfte ein recht zweifelhafter sei; daß jedenfalls alle Leute, die sich von ihr beleidigt oder zurückgesetzt glaubten, sich auf die Gegenseite schlagen werden. „Ihre Stellung ist am günstigsten, solang keine Auseinandersetzungen und Schwierigkeiten auftauchen. Je länger Sie Ihre Stellung halten können, desto besser." „Und jetzt", fährt Herbert dann fort, „will ich Sie kritisieren und ausschelten. Sie haben sich in Ihrer langen, angreifenden, aufreibenden Arbeit überanstrengt. Sie sehen Eifersucht und Niederträchtigkeit rings um sich her. Sie hören von einseitigen, unnoblen, ungerechten Besprechungen Ihrer Tätigkeit und der Leistungen

Ihrer Untergebenen. Aber Sie überschätzen deren Bedeutung, Sie suchen zu viel Absicht dahinter, und Sie schreiben darüber mit einer Erregung und Heftigkeit, die Ihren Ausführungen viel von dem Gewicht nimmt, das ihnen sonst zukommen würde. – Es handelt sich um Mißdeutungen und Belästigungen, wie solchen alle Personen im öffentlichen Dienst – und Sie sind im Dienst! – ausgesetzt sind –, eine einzige Blüte von der Gattung, aus der das Rosenpfühl gemacht wird, auf dem die Staatssekretäre ruhen. Weil Sie die Sache in ihrer Bedeutung überschätzen, schreiben Sie zu hitzig darüber. Der Leser bemerkt Ihre heftige Sprache und sagt sofort: Das ist in großer Erregung geschrieben, also muß ich die Behauptungen mit Mißtrauen aufnehmen; und so wählt er sich selbst aus, was er als vom Zorn eingegeben beiseite schieben kann, und vielleicht wird davon gerade das betroffen, worauf es Ihnen am meisten ankommt. – Es ist immer klug, wenn man in einem öffentlichen Aktenstück seinen Fall etwas weniger günstig darstellt als er ist. Wenn die Prüfung ergibt, daß Ihre Sache günstiger steht als Sie sie dargestellt haben, dann haben Sie den vollen Gewinn davon. Wird aber ein wenn auch noch so unbedeutender Teil erschüttert, so ist das Vertrauen zum Ganzen miterschüttert. Also meine Nutzanwendung: Sie müssen ruhiger schreiben; Sie müssen nicht anklagen und Beweggründe unterschieben; Sie haben nur die falschen Behauptungen zu widerlegen, die schlechte Verwaltung darzulegen ohne irgend etwas weiteres. So hat es viel mehr Wirkung."

Florence wußte auch darauf wohl zu erwidern: Es sei keine Kunst, in der Ferne die Ruhe und die staatsmännische Würde zu bewahren, aber schwer, nicht gereizt und kurz angebunden zu sein, wenn man am Platze ist und sein Werk für die Kranken und Verwundeten auf Schritt und Tritt gehemmt sieht. Ein Ergebnis solcher Verhandlungen war es auch, daß Herbert nunmehr durch ein amtliches Schreiben an den Höchstkommandierenden Miß Nightingales Stellung ausdrücklich sicherte: „Sie ist von der Regierung Ihrer Majestät anerkannt als oberste Leiterin der weiblichen Pflegeeinrichtungen für die Kriegsspitäler der Armee. Keine Dame oder Schwester oder Pflegerin darf ohne ihr Einverständnis von einem Spital ins andere versetzt oder in ein Spital eingeführt werden."

Wie umfassend die Oberleiterin des Kriegspflegewesens ihre Aufgabe nahm, das ist der größten Bewunderung wert. Sie dachte durchaus nicht allein an die leiblichen Bedürfnisse der Genesenden und der Besatzungstruppen; sie richtete Büchereien mit Lesezimmern ein, ja sie beschaffte Räume für Unterricht und Vorträge, wozu sich Offiziere und Feldgeistliche gern bereit finden ließen. Sie errichtete in Inkerman eine Kaffeeschenke als Gegengewicht gegen die Kantinen, in denen so viel Geld und Kraft dem Trunk geopfert wurde.

Eine feine Offenbarung ihres treuen weiblichen Herzens ist es, daß sie sich alle Mühe gab, den brieflichen Verkehr der Soldaten mit ihren Frauen und Müttern in der Heimat zu pflegen. Schon in Skutari hatten die Leute alle Briefe in das Zimmer der Oberin schicken dürfen, wo sie mit Marken versehen und dann zur Post besorgt wurden. Jetzt war für Schreibmaterial in allen Baracken, zumal in den Lesezimmern gesorgt. Wenn es galt, die

Angehörigen in der Heimat von einem To-
desfall zu benachrichtigen, ein letztes Andenken von einem Entschlafenen heimzuschik-
ken, irgendeine verwischte Spur für die su-
chende Liebe ausfindig zu machen, da war
der Soldatenmutter keine Mühe zu viel.

Etwas vom Segensreichsten war, daß es ihr
auch gelang, die Leute zum Heimschicken ihrer Löhnung zu bringen. Sie hatte in Skutari
eine Geldeinzahlungsstelle errichtet, an der
sie selbst persönlich an vier Nachmittagen im
Monat Geld zur Heimbeförderung in Empfang nahm. 20.000 Mark wurden so monat-
lich in kleinen Summen von 20-30 Mark dem
Trunke abgejagt. Die Regierung nahm in den
letzten Monaten des Kriegs die Anregung
auf und vermittelte in dem Halbjahr von Januar bis Juli 1856 nicht weniger als 1.400.000
Mark. Miß Nightingale schreibt triumphierend: „Wer will jetzt noch behaupten, der Soldat müsse notwendig leichtsinnig, unordent-
lich und dem Trunk ergeben sein?“ – Freilich
war eine zielbewußte Einwirkung in dieser
Hinsicht dringend erforderlich in diesen Monaten nach der Einstellung der Feindseligkeiten, da der Soldat am liebsten jeden Tag zu ei-

nem Jahresfest des Falls von Sebastopol gemacht hätte.

Als endlich am 30. März 1856 der Friede in Paris unterzeichnet war, als dann der letzte englische Soldat aus dem letzten Lazarett zu Schiff gebracht war, als die letzten Teile des Besatzungsheeres auf der Heimreise begriffen waren, da konnte auch Florence Nightingale daran denken, selbst die liebe Heimat wieder zu suchen. Ihr letzter Gedanke galt noch der Errichtung eines großen weißen Marmorkreuzes auf den ihr so vertrauten Höhen über Balaklawa – ein Erinnerungszeichen an die gefallenen Tapferen und an die Opfer der helfenden Liebe. Liegen doch hier auch zwei aus der Schar ihrer Getreuen. Eine von den irischen Barmherzigen Schwestern war im Frühjahr, kaum aus Kullali angekommen, von der Cholera befallen worden: Gegen 3 Uhr früh setzte die Krankheit plötzlich ein; am Abend desselben Tages war sie eine Leiche. Man schlug ein Zelt auf, das die Tote aufnahm; die andern Schwestern hielten die Totenwacht und hatten einen harten Kampf gegen die Ratten, die die Leiche anfielen. Florence Nightingale konnte ihr selbst das letzte

Geleit geben, und sie legte Wert darauf, dadurch auch öffentlich zu bekunden, daß sie sich mit dieser katholischen Schwester in dem Dienst der Liebe eng verbunden wisse.

In der letzten Zeit in Skutari – zwischen dem zweiten und dritten Aufenthalt in der Krim – November 1855 bis März 1856 – hatte Florence nach der Heimreise der Freundin Bracebridge ihre geliebte Tante Mai bei sich, die ihr einst so wertvollen Beistand geleistet hatte zum Durchbruch in die Freiheit. Ein Brief von ihr am Ausgang des Jahres zeigt uns, daß der Arbeit nicht weniger wurde bis zum Ende. „Meine Tätigkeit besteht nur im Abschreiben, sie leistet verwickelte Kopfarbeit. Ich gehe um 11 Uhr zu Bett, sie schreibt gewöhnlich bis 1 oder 2 Uhr, manchmal gar bis 3 oder 4. Sie hat in der letzten gehäuften Zeit drei volle Nächte geopfert. Wir kommen selten durch unser doch nur kleines Mittagessen – nachdem es eine, zwei oder drei Stunden wegen ihrer Besuche weggestellt worden ist – durch, ohne daß sie weggerufen wird. Ich habe nie ein Bild größerer Erschöpfung gesehen als Flo gestern abend um 10 Uhr. O, sagte ich, du mußt zu Bett gehen. Wie kann ich, ich habe alle diese Briefe zu schreiben – und dabei zeigte sie auf das Sofa, das mit Schriftlichkeiten bedeckt war. Schreibe sie morgen! Morgen bringt seine eigene Arbeit. Und sie saß den größten Teil der Nacht auf.

Fragen wie Nahrung, Ruhe, Temperatur haben für sie während ihrer Arbeit gar keine Bedeutung. Ich vermute, sie hat einen Vorsprung vor anderen Leuten gewonnen, indem sie an diese Dinge überhaupt nicht denkt; ihr Geist, der mit großen Dingen überbeschäftigt ist, hat für diese kleinen Fragen keinen Raum."

Auf dem Rückweg wurde Skutari noch einmal besucht; die Kaserne war bereits wieder in türkischer Verwaltung; nur die Räume der Oberin wurden mehrere Jahre unverändert gelassen. Der Sultan schenkte ihr ein kostbares Armband, die Königin hatte ihr eine vom Prinz-Gemahl entworfene Brosche mit der Inschrift: „Selig sind die Barmherzigen" geschickt und ihr dazu geschrieben, daß sie sich freue, „die Frau, die unserem Geschlecht ein so glänzendes Beispiel gegeben hat", bald persönlich kennenzulernen.

Bei den Verhandlungen über den Friedensvertrag sprach Lord Ellesmere die Worte: „Der Kampf dieser Jahre gehört nun der Geschichte an. Die Blütendecke von zwei Lenzen hat die Spuren von Balaklawa und Inkerman verwischt. Die Reihen sind wieder voll, die Spitäler sind leer. Aber der Engel der Barmherzigkeit verweilt noch immer an der Stätte seiner Arbeit. Doch ist seine Sendung demnächst abgeschlossen. Die langen Gänge in Skutari, in denen sterbende Männer sich nach der Allverehrten umwandten, um den Hall ihrer Tritte oder das Rauschen ihres Kleides zu vernehmen, und dann in das Kissen zurücksanken, beglückt, daß sie ihren Schatten vorübergleiten sahen –, die sind nun fast leer. Und nun mag sie wohl darauf sinnen, wie sie sich bei ihrer Heimkehr am besten der Dankesbezeugung der Nation entziehen könne für die guten Taten und für den Edelsinn von Florence Nightingale."

Die Vermutung des Lords hat sich als richtig erwiesen. Die Regierung bot ihr ein Kriegsschiff zur Heimreise an; aber sie ging am 28. Juli in Skutari auf ein französisches Schiff, das nach Marseille fuhr. Bei Nacht reiste sie durch Frankreich und besuchte in Paris ihre alten Freundinnen, die Schwestern von St. Vincent von Paul. Dann ging's mit einer Tante, einer Frau Smith, unter dem Decknamen Fräulein Smith nach Boulogne und hinüber an das heimische Gestade. Einundzwanzig Monate war sie in der Fremde gewesen. Eine kurze Spanne Zeit; aber sie umfaßte eine Lebensarbeit und eine Leistung, die ihre dauernde Spur im Leben eines ganzen Volkes zurückgelassen hat.

Um die Gesundheit
der Soldaten.

Unerkannt kam Florence Nightingale am 8.
August des Jahres 1856 in ihrer Heimat Lea
Hurst an. Sie trat durch die Hintertür ins
Haus, und der alte Hausmeister war der erste,
der die verschleierte Dame in Schwarz er-
kannte. Nun ging die Kunde rasch von Haus
zu Haus und hinaus in die Nachbarschaft,
daß Miß Florence aus dem Krieg heimge-
kommen sei. Kein Wunder, daß nun jedermann die vielgeliebte, oft vermißte, einmal
auch totgesagte, nun weltberühmt gewordene
Herrin begrüßen wollte. Obwohl die Bitte
kundgegeben wurde, die Heimgekehrte, die
der Ruhe dringend bedürftig sei, mit jeglicher
Huldigung zu verschonen, kamen die Leute
der näheren und weiteren Umgebung zu
Hunderten und belagerten die Wege nach Lea
Hurst und die Zugänge zum Park, in der

Hoffnung, wenigstens etwas von der Heldin des Tages zu erspähen; viele Soldaten waren darunter, manche Kriegsinvaliden, die Miß Nightingale gepflegt hatte: Wer konnte ihnen wehren, ihre geliebte Frau Oberin in der Heimat zu empfangen? Aber die meisten bekamen nichts von ihr zu sehen; nur schriftliche Fragen oder Bitten wurden angenommen, und das Mädchen brachte die Antwort heraus. Es war nicht möglich, mit Begrüßungen und Empfängen anzufangen; es hätte kein Ende mehr gegeben. Um so mehr taten Liebe, Begeisterung und – Geschäftssinn, was sie konnten, um die Frau zu feiern, die in dem kurzen Zeitraum von zwei Jahren die ungekrönte Königin der Nation geworden war. Die Spezereihandlungen und Tabakgeschäfte schmückten die besten Sorten ihrer Waren mit dem Bilde der Heldin von der Krim. Auf den Konzertprogrammen, wenn sie ziehen sollten, konnte die Nightingale-Nummer nicht fehlen, die Straßensänger und Drehorgelmänner machten mit den Nightingale-Balladen das beste Geschäft, und es ist klar, daß jetzt der „Sang der Nachtigall", von dem beim Auszug ins Feld einst spottweise die Re-

de gewesen war, erst recht im Ernst ausge-
nutzt wurde. Es wird wenig bürgerliche Frau-
en gegeben haben, die zu ihren Lebzeiten so
in aller Munde waren wie Florence Nightingale. Briefe liefen in Menge in Lea Hurst ein;
an sinnigen und kostbaren Geschenken fehlte es nicht. Die Bekannten der Nachbarschaft
kamen in kleinen Gruppen und durften die
Erinnerungen vom Kriegsschauplatz bewundern: Kanonenkugeln aus Sebastopol, Flin-
tenkugeln, die den Helden von Balaklawa aus
den Knochen gezogen waren, dann wieder
die Blumen von den Gräbern am Bosporus
und in der Krim; gar lebendige Kriegstrophä-
en waren zu sehen: Miß Florences Krimhund
und ihr kleiner Trommler Thomas, von dem
man dann natürlich auch eine feurige und be-
geisternde Erzählung der Heldentaten in der
Krim erwartete; er gab sie zur Zufriedenheit,
und ob er gerade dabei gewesen war oder
nicht, das machte in der Anschaulichkeit des
Berichts kaum einen Unterschied.

Sie selbst aber, der alle Huldigung galt, die
im Mittelpunkt aller Erinnerungen stand – sie
hatte keine Zeit, sich im Vergangenen zu son-
nen. Als die Schwester einer Sendung von

Gaben für ihre Kranken nach Skutari auch eine Probe von „Lebensbeschreibungen", Por-
träts und dergleichen beigepackt hatte, erwiderte sie darauf: „Meine Bildnisse und Ver-
herrlichungen waren weniger willkommen.
Ich stelle mich nicht gleichgültig gegen wirkliche Teilnahme; aber peinlich habe ich empfunden zu hören, was für eine Sensation man
aus diesem Unternehmen gemacht hat. Der
unscheinbare stille Anfang, die schlichte Müh-
sal, das schweigende und stufenmäßige Em-
porarbeiten – das ist die Luft, in der ein Werk
wirklich gedeiht und wächst. Die Zeit hat die
Lektion unseres Erlösers über diesen Punkt
nicht geändert, welche alle Reformatoren der
Reihe nach durch ihre eigene Erfahrung gelernt haben. Die Eitelkeit und Leichtfertig-
keit, welche durch das auf unsere Sache ge-
worfene Schlaglicht hervorgerufen worden
ist, hat uns bitteren Schaden getan und Un-
heil über – vielleicht – eine der meistverspre-
chenden Unternehmungen gebracht, die von
England ausgegangen sind."

Als Florence Nightingale vom Schauplatz
des Krieges in die Heimat zurückkehrte, dachte sie nicht, daß sie nun ihr Werk getan hät-

te; im Gegenteil, sie rüstete sich, es zum vollen Erfolg zu führen. Ihr Freund und Mitarbeiter Sidney Herbert sah die Sache nicht anders an. Bei der erwähnten Versammlung zugunsten der Nightingale-Spende hatte er gesagt:

„Wir beabsichtigen in Zukunft mit Miß Nightingale unbarmherzig zu verfahren und dafür zu sorgen, daß ihre Fähigkeiten nicht brach liegen. Der Diamant ist entdeckt, und man darf ihn nicht mehr in die Grube zurückfallen lassen. Miß Nightingale muß für den Rest ihres Lebens an die Ruderbank gefesselt werden. Es ist ihre Aufgabe, das Krankenpflegewesen auf eine nie zuvor gekannte Höhe zu bringen.“

Dabei waren beide darüber klar, daß keine Zeit zu verlieren war, daß es galt, das Eisen zu schmieden, solange es heiß war. Es ist eine eigentümliche Sache um die Volksstimmung nach einem erfolgreich beendeten Kriege, zumal in England. Ist im Augenblick die Erregung unter dem Eindruck der gebrachten Blutopfer groß, und wird unter ihrem Einfluß die Abstellung entdeckter Fehler leidenschaftlich gefordert, damit nicht Ähnliches sich bei nächster Gelegenheit wiederhole, so geht doch diese fruchtbare Stimmung überraschend schnell vorüber. Die Ereignisse der Stunde verlangen die ungeteilte Aufmerksamkeit, das Geschäft geht weiter, und beschämend rasch sind die guten Vorsätze vergessen, von denen eine kurze Zeit so viel geredet und geschrieben worden war. Florence Nightingale konnte nicht vergessen; aber eben darum war ihr das Erreichte nichts und das noch zu Erringende alles. „Ich stehe an dem Altar der dahingeopferten Männer, und solange ich lebe, führe ich ihre Sache."

Aber zuerst und vor allem andern ist doch eine Atempause nötig: einmal eine lange Zeit dem mißhandelten Körper, den überreizten Nerven völlige Ruhe gönnen – nicht lesen, nicht schreiben, nicht denken! Das war einmal etwas, was diese Frau, der so vieles möglich war, nicht konnte: Ehe man sich's versah, war sie wieder im Geschirr, und auch wo sie zur Erholung weilte, da hatte sie ihr Werk und nichts anderes als ihr Werk im Auge. Es war selbstverständlich, daß sie gelegentlich warten mußte, bis der Minister, den sie für die nötige Reform in Bewegung setzen wollte, seine

Birkhühner in Schottland geschossen hatte; auch ihrem Freund Herbert gönnte sie von Herzen seinen Monat beim Angeln in Irland. Sie selbst war an der Arbeit und blieb an der Arbeit, wo sie immer sein mochte.

Für Florence handelte es sich nicht lediglich darum, die Lehren aus den Versäumnissen und Fehlern des Krieges zu ziehen. Sie hatte aus dem Kriege noch eine besondere Erkenntnis mitgebracht, die vorerst ihr Eigentum war. Sie, die gewissenhafte Beobachterin und leidenschaftliche Statistikerin, hatte sie gewonnen aus der Vergleichung der Sterblichkeitsziffern draußen im Osten mit denen der Truppen im friedlichen England. „Wir hatten", so lautet eines der wichtigen Ergebnisse, „während der letzten sechs Monate des Krieges unter unsern Kranken eine Sterblichkeit nicht viel höher als unter den gesunden Garderegimentern in der Heimat, und in den letzten fünf Monaten eine Sterblichkeit, die nur zwei Drittel betrug von der unter unsern Truppen in der Heimat." Was bedeutete dies? Es war ersichtlich, daß die hohe Sterblichkeit der ersten Zeit weithin vermeidbar gewesen wäre. Es war die einzigartige Tatsache erwiesen, daß eine Armee nach einem ungeheuren durch Nachlässigkeit verursachten Unglück im Verlauf des Krieges auf den höchsten Gesundheitsstand gebracht worden ist. Florence wußte aber außerdem und konnte es nachweisen, daß die Besserung durch nichts erreicht worden war, was in der Linie der bisher geltenden Ordnungen und Einrichtungen gelegen wäre. Also konnte nur eine an die Wurzel gehende Reform verhindern, daß alles beim alten blieb, daß alles im gegebenen Fall sich wiederholen mußte. „Niemand kann für die Armee fühlen wie ich. Diese Leute, die uns etwas vorreden, haben alle ihre Kinder üppig genährt und in Samt und Seide gekleidet, während wir draußen waren. Ich habe meine Kinder sehen müssen, bekleidet mit einer schmutzigen Pferdedecke und einer alten Kommißhose und gefüttert mit rohem Salzfleisch. So liegen 9.000 von meinen Kindern aus Ursachen, die hätten vermieden werden können, in ihren vergessenen Gräbern. Aber ich kann niemals vergessen. Die Leute müßten diesen langen schrecklichen Winter erlebt haben, um zu wissen, was es gewesen ist.“

Aber der Florence eigene Blick, der auf den Grund der Dinge ging, führte sie noch zu einer weiteren Erkenntnis, vor der sie selbst erbleichte. Sie kam auf den Gedanken, die Sterblichkeit der englischen Zivilbevölkerung mit der der Soldaten in den Friedenskasernen zu vergleichen, und sie fand, daß die Sterblichkeit in den Jahrgängen zwischen 20 und 35 im Heere nahezu die doppelte der Zivilbevölkerung war! „Bei dem jetzigen Stand der ärztlichen Kunst ist es kein geringeres Verbrechen, bei der Linie, bei der Artillerie und bei der Garde in England eine Sterblichkeitsziffer von 17, 19 und 20 auf Tausend zu haben, während die bei der Zivilbevölkerung nur 11 auf Tausend beträgt –, als wenn man jährlich 1.100 Mann auf einen Platz stellen und totschießen würde. Und dabei ist niemand in der Welt so sehr unter der Aufsicht, niemand von seinem Arbeitgeber so abhängig hinsichtlich Gesundheit, Leben und Sittlichkeit wie das Heer." Wir erkennen die Aufgabe, die Florence Nightingale nunmehr nach Beendigung des Krieges vor sich erblickte. Wir ahnen auch die Schwierigkeit und Zähigkeit des ihr bevorstehenden Kampfes in einer

Zeit, da das Volk den Krieg mit seinem Jammer hinter sich lassen wollte, in der Zeit, da die Männer, die im Krieg an irgendeiner Stelle der Maschine schlecht und recht ihren Dienst getan hatten, ihre Orden empfingen und auf Beförderung warteten. Es ist lehrreich genug, wenigstens die Hauptstationen des Weges zu zeigen, den Florence in den nächsten Jahren zu gehen hatte, und wir lernen sie dabei fast noch besser kennen als bei ihrer Arbeit im Kriege.

Noch im August 1856 erhielt Florence eine Einladung des ihr befreundeten Leibarztes der Königin, den kommenden Monat bei ihm in seinem schottischen Heim zuzubringen: die Luft werde ihr gut tun, zudem werde der Hof demnächst nach dem in der Nähe befindlichen Balmoral verlegt, und die Königin werde zweifellos Florence zu sehen wünschen. Konnte die Aussicht auf eine Einladung an den Hof für Florence, wie wir sie kennengelernt haben, eine Lockung bedeuten? War diese Aussicht nicht eher das sichere Mittel, sie so fern als möglich zu treiben? Sie hatte auch jetzt nichts anderes als ihr Werk im Sinn; es war ihr sofort klar, was die

Möglichkeit bedeutete, der Königin und dem Prinz-Gemahl Auge in Auge sagen zu können, was ihr auf der Seele brannte. Florence wußte, warum sie in die Erholung nach Schottland ging. Ihre guten Freunde unterrichteten sie treulich, wie sie die Gnade der Königin ausnützen müsse, um sich eine Lebensstellung zu schaffen. Sie selber machte sich einen anderen Feldzugsplan zurecht: erstens die ganze Wahrheit sagen über den Krieg, zweitens einen schriftlichen Bericht anbieten über ihre Beobachtungen und Vorschläge, und drittens eine königliche Kommission fordern zur Untersuchung der ganzen Frage der Gesundheitsverhältnisse des Heeres! Das Zusammentreffen mit der Königin und dem Prinzen war ein voller Erfolg: „Ich wünschte, wir hätten sie im Kriegsministerium“ — schrieb die Königin an den Herzog von Cambridge. Aber nun kam der zweite schwerere Angriff: der auf den Minister, ohne den die Krone nichts vermag.

Der Mann, der nun zu behandeln, nein, um jeden Preis für die große Sache zu gewinnen war, ist Lord Panmure, ein schwerer, derber Schotte, mit wallender Mähne – im Kreise der zum Kampfe für das Wohl der Soldaten Verbündeten heißt er ständig ‚der Bison‘ –. Florence ließ sich die Gelegenheit nicht entgehen, den bitteren Ernst des Kampfes ein wenig zu verklären durch die Freude an den scherzhaften Bildern, welche die Jagd auf den Bison darbot. Sie wußte gar wohl, welch kühnes Unterfangen es war für ein schlichtes Jägerlein, den Bison erlegen zu wollen; die Empfindung blieb ihr nicht fremd, daß es dem Gewaltigen ein Leichtes sei, die kühne Angreiferin hoffnungslos einzuschüchtern. Aber sie war es doch, die von Anfang an die Überzeugung vertrat: Der Bison seinerseits kann eingeschüchtert werden, man muß nur wissen, wie das zu machen ist, und zuletzt ist es auch wirklich gelungen, den Gewaltigen zu ‚stellen‘. Die erste Begegnung bei Gelegenheit des Aufenthalts im schottischen Hochland, vorbereitet durch ein empfehlendes Wort der Königin, war befriedigend. Der Minister mochte erwartet haben, daß eine Frau von so hervorragenden Geisteskräften notwendigerweise ein unerfreulicher Anblick sein müsse, und war nun angenehm enttäuscht über die äußere Erscheinung der berühmten

Frau. Es folgte nach den Ferien eine dreistündige Unterredung in London, bei welcher Florence ihr ganzes Programm vorlegte, Punkt für Punkt durchsprach und manche wichtige Zusage erreichte. Insbesondere erlangte sie die Zustimmung des Ministers zur Bildung einer königlichen Kommission unter dem Vorsitz von Herbert – der Weg war frei! Aber nun kam die große Geduldsprobe. Lord Panmure gehörte zu den Menschen, die schwer dazu zu bringen sind, heute zu tun, was auch morgen noch geschehen kann. Florence war mehr als einmal nahe daran, vor Ungeduld zu platzen. Aber sie gab dieser menschlichen Schwäche nur Raum und Befriedigung im vertrauten Verkehr mit ihren Mitverschworenen. In den amtlichen Verhandlungen zeigt sie sich als die geborene Diplomatin, die durch ruhige Zielbewußtheit auch den zähen Gegner überwindet. So weit sie davon entfernt war, ihre wertvollen Trümpfe vorzeitig auszuspielen, so sehr war sie sich bewußt und ließ es auch im geeigneten Augenblick merken, daß es ihr ein Leichtes sei, die öffentliche Meinung der Nation als starken Bundesgenossen auf den Plan zu rufen. Es vergingen von der entscheidenden Unterredung mit dem Minister bis zum Erscheinen des königlichen Erlasses, der die Kommission beauftragte, volle sechs Monate. Florence nützte die Zeit zur Vorbereitung ihres eigenen Berichts, der schon zur Hälfte fertig war, als die Kommission in Erscheinung trat. Dieser Bericht: „Denkschrift betreffend Gesundheit, Leistungsfähigkeit und Hospitalverwaltung des britischen Heeres", ein Buch von über 800 Seiten, ist nie auf dem Büchermarkt erschienen, wurde aber auf Kosten der Verfasserin gedruckt und von ihr an einflußreiche Persönlichkeiten verschickt und machte überall einen bedeutenden Eindruck, nicht nur durch den Inhalt, den niemand anders zu geben in der Lage gewesen wäre, sondern auch durch die Art der Darstellung und die schriftstellerische Form. Das Ziel, das sie unverwandt im Auge hat, ist die völlige Neuordnung des Gesundheitswesens und insbesondere die Nutzbarmachung der ärztlichen Wissenschaft für das Heer. Den Hauptraum nimmt nach einer Einleitung über die Gesundheitsgeschichte der britischen Armee in früheren Feldzügen die ärztliche Geschichte des Krimkriegs ein. Es folgen Ausführungen über Spitaleinrichtungen, Sanitätsoffiziere, Löhnung, Ernährung und Küche, Verpflegungswesen, Waschen und Kantinen, Soldatenfrauen u. a. – eben alles, wovon Wohl und Wehe des Soldaten in Krieg und Frieden abhängt. Daß statistische Nachweise eine wichtige Stelle haben, versteht sich von selbst. Eine vielbeachtete Besonderheit waren auch die außerordentlich überzeugenden graphischen Darstellungen, die beigefügt waren. Ein Arzt, zugleich Politiker, der den Kriegsschauplatz besucht hatte, schrieb der Verfasserin: „Es bedeutet nicht viel, was Lord Panmure denkt oder dafür oder dagegen sagt. Sie haben einen Markstein gesetzt, den weder er noch irgendein anderer Mann oder eine Körperschaft von Männern wieder entfernen kann. Ihre Gedanken und Pläne werden abgeschrieben und als eigene in Anspruch genommen werden von denen, die sie jetzt herabsetzen." Ein Anhang über die Einführung weiblicher Krankenpflege in den Militärspitälern in Frieden und Krieg wurde auf besondere Anregung des Ministers noch beigegeben.

Wir machen uns schwer einen Begriff von der angespannten und aufregenden Tätigkeit, welche nun für Florence und ihre Mitarbeiter begann, mit dem Ziel, einen Bericht der Kommission auszuarbeiten. Zwischen ihr, Herbert und einem Arzt Dr. Sutherland, einst Vorsitzendem der Gesundheitskommission, die nach dem Kriegsschauplatz gesandt worden war, gingen die Briefe täglich hin und her. Es mußte darüber verhandelt werden, wer als Zeuge gehört werden solle und wie man am besten zwischen den entgegengesetzten Gefahren hindurchsteuern könne: entweder Männer in Amt und Würden zu quälen und in Verlegenheit zu bringen, oder aber die Nachweise zu versäumen, welche die Sache erforderte. Florence selbst wurde es mit Rücksicht auf ihren Gesundheitszustand erlassen, als Zeugin persönlich vernommen zu werden. Sie lieferte ihren unschätzbaren Beitrag in der Form von schriftlichen Antworten auf ebensolche Fragen: Sie brauchte ja lediglich eine gedrängte Zusammenfassung ihres eigenen schon vorliegenden Berichtes zu geben. So konnte es nicht zweifelhaft sein, daß der Bericht der Kommission ebenso zwingend und unausweichlich ausfiel, wie der persönliche, den Florence eifrig von Hand zu Hand verbreitete. Der Schluß mußte geradezu einen furchtbaren Eindruck machen: Die Sterblichkeit der Armee in der Heimat wurde als doppelt so hoch erwiesen als die der Zivilbevölkerung. Wenn man die Londoner Stadtteile mit den Kasernen verglich, die in ihrer Mitte lagen, dann war das Bild noch wesentlich dunkler: 2,2 zu 10,4, gar 3,3 zu 17,5! Es war klar: Wenn auch die Erfahrungen des Krieges zu verblassen begannen, und wenn nicht darauf zu rechnen war, daß Fragen der Heeresorganisation die allgemeine öffentliche Teilnahme gewinnen könnten, dieser Stoß mußte durchschlagen: „Unsere Soldaten werden für den Kasernentod angeworben!"

Aber nun galt es eben, diese Erkenntnis für die Reform fruchtbar zu machen. Der Bericht der Kommission, in dem solche Dinge standen, durfte nicht, wie es so oft mit ähnlichen Blau- und anderen Büchern geschieht, in einem Schubfach ein ehrenvolles Begräbnis finden, um dort die „ernsteste Aufmerksamkeit der Regierung" zu genießen, sondern er mußte hinaus ins Volk, noch besser, er mußte schon vor dem Bekanntwerden der bösen Tatsachen bei den Maßgebenden die nötigen Reformen erzwingen.

Denken wir uns Florence Nightingale als die, welche diese ganze Sache als eigene persönliche Angelegenheit auf ihre Seele genommen hatte, inmitten solcher Spannungen, dann verstehen wir, wie sie ihre Arbeit in Skutari dagegen vergleichsweise als ein reines Kinderspiel bezeichnen konnte. Sie vermochte ihre Aufgabe nicht anders zu sehen als so: Was nicht rasch geschieht, das ist verloren, also gilt es, jede Stunde auszunützen, konnte ja doch der Tod heut oder morgen allem Wirken ein Ziel setzen! Wir sehen in den Kampf zwischen dem mißhandelten Körper und dem eisernen Willen hinein, wenn wir ein paar Briefstellen des Arztes und der Patientin kennenlernen. Dr. Sutherland: „Bitte, überlassen Sie einmal uns alle sich selber, die Soldaten und alle, wenigstens für eine Weile. Wir werden alle den Gewinn von einer Ruhezeit haben. Selbst Ihr göttlicher Pan wird einen besseren Ton geben, wenn er nicht gar so sehr geschlagen wird. Und was Sidney Herbert betrifft, der muß im siebenten Himmel sein. Bitte, hintergehen Sie Ihren Arzt nicht! Essen, trinken, nicht denken! Als Sie abreisten" – Florence war wieder zur Erholung in Schottland – „da sahen Sie aus, wie wenn Ihr ganzes Blut Erneuerung bedürfte, und das kann nicht in einer Woche geschehen. Sie müssen neues Blut haben oder Sie können nicht arbeiten, und neues Blut kann man nicht aus Tee machen, wenigstens soviel ich weiß. Es gibt eine Schrift von Dr. C. über 28 Unzen kräftige Nahrung für den Tag. Sie wissen, wo sie zu finden ist; verlassen Sie sich darauf, der Doktor hat recht ... Jetzt habe ich aber meine Pflicht als Beichtvater getan und hoffe an Ihnen ein gehorsames Beichtkind zu haben." Florence erwiderte: „Was soll ich zur Beantwortung Ihres Briefes sagen? Einer hat einst gesagt: ,Wer sein Leben will erhalten, der wird's verlieren, und was hülfe es dem Menschen, so er die ganze Welt gewönne und nähme doch Schaden an seiner Seele?' Er meinte, so denke ich mir, daß Leben ein Mittel ist und nicht ein Ziel, und daß die Seele oder der Gegenstand des Lebens das Ziel ist. Vielleicht hatte er recht. Nun, in welcher einzigen Hinsicht hätte ich anders handeln können als ich gehandelt habe? Oder welche Anstrengung habe ich gemacht, die ich mir hätte erlassen können? … Hätte ich in der Sache des Berichts verloren, was hätte die Gesundheit, die ich etwa gewonnen hätte, mir genützt? Oder was hätten zehn Lebensjahre mir eingebracht, die ich eingetauscht hätte gegen die zehn Wochen dieses Sommers? Ja, aber, sagen Sie, Sie hätten können spazieren gehen oder fahren oder Fleisch essen. Gut, dann lassen Sie sich sagen, o Doktor, daß ich nach jedem Gang oder Fahrt die ganze Nacht mit Herzklopfen aufsaß. Und der Anblick von tierischer Nahrung verschlimmerte die Krankheit. Der Mann hier setzte mich gleich nach meiner Ankunft auf ein Sofa und sagte mir, ich solle mich nicht bewegen und keine kräftige Nahrung nehmen, bis mein Puls sich beruhigt habe. Ich erinnere mich an einen kleinen Hund, einen Freund von mir, der sich aus einem Schlaganfall herausbellte, als der Hundedoktor etwas tat, gegen das er immer eine Abneigung hatte. Nun habe ich mich in ein Herzklopfen hineingeschrieben … Aber soll ich Ihnen sagen, was Sie veranlaßt hat, mir zu schreiben? Ich habe nicht das zweite Gesicht, ich habe keine Gesichte und keine Träume. Es ist meine Schwester gewesen. Oder vielmehr will ich Ihnen sagen, daß ich doch das zweite Gesicht habe. Ich habe mich neulich sehr aufgeregt, als ich meine arme Eule sah, tot, ohne Kopf, ohne Krallen im Käfig Ihres Kanarienvogels liegend (wie die Statue von Ramses II. in dem Teich in Memphis), und der kleine Schlingel hackte auf sie ein. Das bin ich: Ich liege da – ohne Kopf, ohne meine Krallen, und Ihr alle hacket auf mich ein. Es ist unvermeidlich, es muß sein; wie man etwas in seinen Hut hineinspricht, wenn man in die Kirche geht, so muß man zu mir all das sagen, was mir 110mal im Tag während der letzten drei Monate gesagt worden ist. Es ist die obligate Violine, und alle 12 Geigen spielen es zusammen wie die Uhren nachts 12 Uhr über ganz London schlagen, bis ich sage wie Xavier de Maistre: ‚Genug, ich weiß es, ich weiß es nur zu gut.' Ich bin kein Beichtkind; aber Sie sind wie der katholische Priester, der sagt, was er eben sagen muß, was in seinem Buch steht, und niemals an das Leben, niemals an die Wurzel der Sache kommt.“

Was sollte der arme Doktor darauf erwidern? „Sie haben entschieden unrecht, wenn Sie sich für eine tote Eule ausgeben und meinen, ich habe mich mit andern ebenso freundlichen Leuten zusammengetan, um auf sie einzuhacken. Ich bin es, der alle die Schnabelhiebe bekommen hat, obgleich ich hoffe, ich bin weder eine Eule noch tot; und Ihr kleiner Schnabel ist einer der schärfsten. Aber wie ein guter, lebendiger Held trage ich alles freudig, weil es geschieht in Erfüllung meiner Pflicht gegen Sie. Ich möchte, daß Sie leben, ich möchte, daß Sie arbeiten. Sie wollen arbeiten und sterben und das ist gar nicht schön. Ich bewundere Ihr Heldentum und Ihre Selbstaufopferung von ganzem Herzen. Aber ach! ich kann nicht vergessen, daß dies alles in den Schranken eines schwachen, zerbrechlichen Körpers vor sich geht. Und soll ich Sie noch ermutigen, sich aufzureiben in dem vergeblichen Versuch, nicht nur Menschen, sondern die Zeit zu schlagen? Sie wissen nicht viel davon, wieviel tägliche Besorgnis es mich gekostet hat, Sie zollweise sterben zu sehen bei einer Arbeit, die nur die stärkste Natur aushalten kann …"

Und was war das Ergebnis dieses Streites zwischen Arzt und Patientin? Der Doktor selber, der zugleich Freund und Mitarbeiter war, mußte, obgleich selbst nicht wohl, nach Schottland kommen, um mit Florence zu arbeiten, bis Herbert vom Fischen zurückkäme! Ihr Werk war ihr Leben. Sie konnte nicht um des Lebens willen das aufgeben, was das Leben allein lebenswert macht. – Die Berichte der Schwester ergänzen das Bild: „Tante Mai sagt, Flo schlafe nicht mehr als zwei Stunden in der Nacht, sie ist meist fieberig und schwach und kann nicht essen. Sie hat das Zimmer, in dem Sie sie gesehen haben, nie verlassen, ist kaum von ihrem Sofa weggekommen in einem Monat. Jetzt geht sie für eine halbe Stunde ins Besuchszimmer hinunter, um mit einem Herrn von der Kommission, der gekommen ist, sie zu besuchen, Geschäftliches zu erledigen. Tante Mai sagt, es werfe sie mehr zurück, wenn sie die Arbeit für ‚die Sache‘, für die sie lebt, ganz beiseite lege, als wenn sie jeden Tag ein wenig tut. – So schicken wir uns eben drein. Am Dienstag, sagt sie, war ein besonders schlimmer Tag, und Florence sagte, es sei ihr gewesen

wie damals, als sie den Fieberanfall in Balaklawa hinter sich hatte. Doch sagen beide
Ärzte, es sei keine Krankheit, nur eine völlige
Erschöpfung jeglichen Organs durch Über-
anstrengung, und Ruhe sei das einzige, was
sie herstellen kann. Ruhe für viel längere
Zeit, als wozu sie sich hergeben wird, fürchte ich. Sie bekommt zwei Packungen im Tag,
das ist die ganze Wasserkur. Es scheint, das
bringt den Puls herunter, und sie liegt den
größten Teil des Tages am offenen Fenster,
ohne zu lesen oder zu schreiben, nur eben
stille. Sie kann es nirgends anders besser haben, niemand kann an sie herankommen.
Tante Mai ist ein Drache, und der Herr von
der Kommission ist der einzige Mensch, der
sie gesehen hat. Tante Mai sagt: Ich kann mir
nicht verbergen, daß sie in einem sehr bedenklichen Zustand ist."

Im Dezember 1857: „Tante Mais Tagesbe-
richt ist im allgemeinen derselbe: Herr Herbert drei Stunden am Morgen, Dr. Sutherland
vier Stunden am Nachmittag, Dr. Balfour, Dr.
Farr, Dr. Alexander dazwischenhinein." Sie
setzen die neuen Ordnungen fest (aber davon
müssen Sie nichts sagen. Florence ist ebenso

nervös, niemand wissen zu lassen, daß sie mit der Sache etwas zu tun hat, wie andere Leute auf ihre Ehre aus sind.) Dr. Sutherland platzte neulich Tante Mai gegenüber los, daß Florences Klarheit und Geistesstärke, ihre außerordentlichen Fähigkeiten, die Sicherheit ihres Verstandes einerseits und ihre Herzensgüte andererseits ihm immer größeren Eindruck machen, je länger er mit ihr arbeite –, daß niemand, der sie nicht in allen den Proben und Anläufen sehe wie er, einen Begriff von dem Ausmaß beider Anlagen haben könne. Das begabteste von allen Geschöpfen Gottes nannte er sie. Und die bestimmte Art, mit der sie niemand wissen lassen will, was es mit ihr auf sich hat, ist so seltsam. Sie will es nicht einmal uns sagen; wir hören es nur eben von diesen Männern. Sie bringt sich um durch Arbeit – aber sie sagen alle, niemand anders könne die Arbeit tun, niemand anders habe die Fäden dazu oder auch die Ausdauer dafür – und doch wird das nie jemand erfahren. Andere werden alle Ehre haben von denselben Dingen, die sie angeregt und eingeführt hat, auf Kosten darf man sagen von Leben und Behagen jeglicher Art; denn es ist ein unerträgliches Leben, was sie führt: sie liegt da zwischen kurzen Zeiträumen, da sie gerade eben herumgehen kann, sie sieht nicht ihre Nächsten und Liebsten, weil bei ihrem fliegenden Atem alles Reden auf das Notwendige beschränkt werden muß, ebenso alle Erregung, damit sie alle Kraft auf das Werk verwenden kann … Tante Mai sagt heute wieder, wie Herr Herbert zuweilen zweimal am Tag bei ihr ist und Dr. Sutherland den ganzen Tag (aber bitte, sagen Sie es niemand), weil sie allein Tatsachen geben kann, über die niemand sonst verfügt, weil sie die Erlebnisse im ganzen kennt, die niemand sonst verfolgt hat, weil sie ebenso das kleinste Detail in ihren Fingerspitzen hat wie die großen Gesichtspunkte des Ganzen – was man gewinnen und was man vermeiden muß."

Inzwischen kam es vor, daß das dankbar begeisterte Volk irgendwo eine Doppelgängerin bestaunte und umschwärmte. Die Eltern mit der Schwester besuchten eine Ausstellung in Manchester, und die Zeitungen hatten geschrieben, die Heldin von der Krim werde auch dabei sein. So wurde eine hübsche Dame in Schwarz für Florence genommen und verehrt wie eine mittelalterliche Heilige: „Lassen Sie mich nur Ihr Tuch berühren! Lassen Sie mich Ihren Arm streicheln!"

Sie hatte gegen Schluß des Jahres das Gefühl, daß ihr das Ende ganz nahe sei. – Sie schrieb einen Brief an Herbert – „abzusenden, wenn ich tot bin". Sind wir neugierig zu hören, was sie dem Freunde als letztes anzuvertrauen hat? Wissen wir es nicht im voraus schon? Doch sollen einige Sätze aus dem Brief hier stehen: „Lieber Herr Herbert! Ich hoffe, die Umstände meines Todes werden Ihnen nicht leid sein. – Ich weiß, daß Sie so lieb sind, daß Ihnen seine Tatsache leid sein wird. Sie haben zuweilen gesagt, es sei Ihnen leid, daß Sie mich berufen haben. Ich gebe Ihnen die Versicherung, daß mich eben das am Leben erhalten hat. Ich fürchte, ich werde nicht solange am Leben sein, um die Schwesternsache fertig zu bringen. Aber ich kann nichts dafür. ‚Herr, hier bin ich, sende mich!' Das ist immer meine Religion gewesen. Ich muß willig sein, jetzt zu gehen, wie ich es war, in den Osten zu gehen. Sie wissen, daß ich es immer für Ihre größte Freundlichkeit gehal-

ten habe, daß Sie mich dorthin gesandt haben. Vielleicht braucht Er jetzt einen Sanitätsoffizier für meine Krimleute in einer andern Welt, wohin sie gegangen sind … Sie
sind immer unser ‚Cid‘ gewesen – die rechte
ritterliche Art –, d. h. der Verteidiger des
Schwachen und Häßlichen und Schmutzigen
und Ungeschützten, mehr als des Schönen
und Kunstvollen. Sie sind das jetzt mehr als je
für uns. ‚Uns‘ bedeutet in meiner Sprache die
Truppen und mich … Ich hoffe, Sie haben
keine ritterlichen Gedanken darüber, was sich
für mein Andenken schickt. Das einzige, was
sich für mich schicken kann, ist: was gut
ist für die Truppen. Ich habe immer so gedacht, solang ich lebte. Und es ist nicht wahrscheinlich, daß ich jetzt, da ich tot bin, anders
denke …“ Und nun zählt sie die Punkte auf,
die sie ihm als besonders wichtig ans Herz
legen will und schließt dann ganz rasch und
schlicht. Sie sorgte auch für ihr Testament:
dachte an die Nightingale-Stiftung, ordnete
an, daß ihr Erbe zum Bau einer Musterkaser-
ne verwendet werdm solle: mit Tagräumen
für die Leute, getrennte Schlafzimmer, Wasch-
räume, Sportplätze, Lesezimmer usw. Nicht

zu vergessen die Frauen: eine Musterwohnung für die Verheirateten. Sie bestimmt Andenken für ihre treuen Mitarbeiter – und endlich hat sie noch einen Wunsch, einen sonderbaren: „Ich möchte in der Krim bei unsern Leuten begraben sein. Ich weiß, es ist ein törichter Aberglaube. Denn sie sind ja nicht dort."

Ganz anders sollte es gehen, noch war ihr Lebenswerk längst nicht getan. Daß sie das auch gelegentlich deutlich spürte, sehen wir daran, daß sie mitten in dieser Zeit der Schwachheit sich ganz ernsthaft zum Dienst beim indischen Aufstand zur Verfügung stellte. Innerhalb 24 Stunden sei sie zur Ausreise bereit, wenn sie dort nötig sein sollte. Sie fühlte sich ganz als Soldat in Reih und Glied, der seine Pflicht tut, solang er atmet.

Es hieße unsere deutschen Leser ermüden, wollten wir den zähen, wechselvollen Kampf für die Soldaten in allen seinen Teilen verfolgen. Nur das Wichtigste sei noch erwähnt. Am 11. Mai 1858 wurde dem Unterhaus eine Reihe von Anträgen betreffend die Gesundheit der Truppen vorgelegt. Sie fanden lebhaften Beifall und wurden von der Regierung angenommen. Viel Arbeit war zuvor auf die Versorgung der Presse, nicht nur der Tagespresse, sondern namentlich auch der so überaus einflußreichen Monats- und Halbmonatsschriften, mit Aufsätzen zur Vorbereitung auf den Bericht der königlichen Kommission verwendet worden, bis dieser selbst sodann im Februar 1858 veröffentlicht worden war. Das Schifflein hatte noch mancherlei Wogen und Stürme zu bestehen. Zweimal gab es einen Kabinettswechsel, der jedesmal die Aufgabe stellte, mit neuen Männern die alten Fäden wieder anzuknüpfen. Das zähe Erbe des bürokratischen Widerstandes und der Schwerfälligkeit des Ämterbetriebs wurde jedoch sorgfältig behütet vom Kabinett Palmerston zum Kabinett Derby und wieder zu Palmerston – und was der Bison nicht erledigt hatte, das kam auch unter General Peel nicht rasch in Gang. Die Anforderung an die Geduld derer, die ihr Leben für die Sache opferten, war zeitweilig kaum erfüllbar. Florence wurde das Schwerste nicht erspart. An ihr selbst ging der Tod vorüber, aber er nahm einen wertvollen Mitarbeiter plötzlich weg, Mr. Soyer, den Küchensachverständigen, der für die Frage der

Kasernenreform unentbehrlich schien. Und dann brach Herbert selbst zusammen. Der letzte Kabinettswechsel hatte ihn 1859 an die Stelle des Kriegsministers gebracht, aber Anfang 1861 mußte er an seine Entlastung von der Bürde der Ämter denken. Es war im letzten Grund die Nachgiebigkeit gegen die inständigen Bitten von Florence, daß er unter Verzicht auf seinen Sitz im Unterhaus sein Amt beibehielt, um das unfertige Werk zum Abschluß zu bringen. Er sollte es doch nicht fertig machen. Wenn es auch so aussehen mochte, nicht der Bürokratie ist er erlegen, wie Florence es einmal bitter ausdrückt, sondern der fortschreitenden Krankheit. Er setzte die Arbeit fort, bis er am 9. Juli 1861 seiner Mitarbeiterin Lebewohl sagte, um in Spa in Belgien Erholung zu suchen. Er sandte ihr noch einen Brief, in dem er nur von den gemeinsamen Arbeiten spricht. „Ich wünschte, ich hätte einige Sicherheit, daß es Ihnen viel besser geht als mir." Ende Juli kam er kränker nach Hause. Am 2. August starb er in seinem Heim in Wilton. „Arme Florence, arme Florence! Unser gemeinsames Werk unvollendet!" Das waren einige der letzten Worte des

Sterbenden, die man noch verstehen konnte. Florence Nightingale hat ihrem Freund ein schönes Denkmal gesetzt in einer Denkschrift über seine Arbeit an der Erneuerung des Heeres. Niemand konnte so wie sie aus genauester Kenntnis und innigstem Verstehen heraus schreiben. Uns ergreifen die wenigen Worte, in denen sie ihren ganzen Schmerz um den Freund ausspricht. Sie schreibt ihrem Vater ein paar Wochen nach Herberts Tode: „Nur ganz wenige Menschen wissen im geringsten, was ich in meinem lieben Meister verloren habe. In der Tat, ich weiß niemand außer mir selbst, der das Gleiche verloren hätte. Denn keine zwei andern Menschen haben so miteinander dasselbe Ziel verfolgt, wie ich es tat mit ihm. Und wenn andere ihren Kameraden durch den Tod verloren haben, so haben sie in Wirklichkeit keine Kameradschaft verloren. Er nimmt jetzt mein Leben mit sich fort. Mein Werk, das Ziel meines Lebens, die Mittel zu seiner Erreichung, alles in Einem, geht mit ihm dahin. ‚Gram füllt den Raum' meines abwesenden Meisters. Ich kann nicht sagen: Er geht auf und ab mit mir, denn ich gehe nicht auf und ab. Aber er ißt und schläft und wacht mit mir." – In ihrem Schmerz war noch ein besonderes Weh. Sie schreibt an eine Freundin, die sie in der Pressearbeit hervorragend unterstützt hatte: „Und ich bin zu allem hin auch noch hart gegen ihn gewesen. Ich sagte ihm, Cavours Tod sei ein Schlag gegen die europäische Freiheit gewesen, aber ein schwererer Schlag sei es, daß Sidney Herbert auf seinem eigenen Grund und Boden sollte geschlagen werden durch die Bürokratie. Ich sagte ihm, daß kein Mann, soweit ich wüßte, ein so großartiges Spiel mit allen gewinnenden Karten in seiner Hand weggeworfen habe. Seine engelgleiche Seelenruhe mir gegenüber, während er fühlte, daß wahr sei, was ich sagte, werde ich nie vergessen. Aber ich wünsche, daß die Leute wissen: Was getan worden ist, das ist getan von einem Mann, der mit dem Tode rang. Sie sollen wissen, daß er so viel mehr an das dachte, was er nicht getan hat, als an das, was er getan hatte; wissen, daß alle diese letzten Leidensjahre ausgefüllt waren nicht von dem selbstsüchtigen Wunsch seiner eigenen Rettung, noch weniger von Ehrgeiz, sondern von der äußersten Anstrengung zu unserem Besten. – Was seine Freundschaft mit mir betrifft – ich bezweifle, ob dergleichen je einmal wieder vorkommen kann." Es ist wohl nicht überflüssig, zu betonen, daß Herbert in sehr glücklicher Ehe lebte, daß er auch in seiner Öffentlichkeitsarbeit viel Hilfe von seiner Gattin erfuhr, aber noch mehr, daß Florence auch mit dieser in herzlichster Freundschaft verbunden war. Aber das andere steht daneben. In den fünf Jahren nach dem Krimkrieg stand Herbert in beständigem, vielfach täglichen Austausch mit Florence Nightingale. Vielleicht trifft Florence selbst den richtigen Ausdruck für das einzigartige Verhältnis, wenn sie sagt: „Sidney Herbert und ich waren miteinander völlig wie zwei Männer – genau wie er und Gladstone." Hat sie nicht im Kriege auch als ein Mann auf ihrem Posten gestanden? Es hat einmal jemand das Wort geprägt: er habe nur zwei Männer im Osten getroffen, Omar Pascha, den türkischen Oberbefehlshaber, und Florence Nightingale.

Wenn Florence untröstlich war, daß ihr Meister das Schwert sinken lassen mußte, ehe der nahe Sieg errungen war, so durfte sie sich trösten lassen von denen, die mehr Einblick in die Maßstäbe der Politik hatten. „Es quält mich sehr", so schrieb ihr schon 1860 ein weiser Freund, „zu finden, daß Sie enttäuscht und niedergeschlagen sind durch die Dinge, die Sie mir berichten. Aber ich bin nicht im geringsten überrascht. Ich habe nicht erwartet, daß Sie in so kurzer Zeit so viel erreichen würden. Seien Sie versichert, daß der Fortschritt von einem schlechten zu einem besseren System fast in jeder Abteilung menschlicher Angelegenheiten ein langsamer und vielfach unterbrochener Prozeß ist. Lassen Sie sich also nicht entmutigen. Wenn Sie nicht alles getan haben, was Sie wollten – von wem hat man das je sagen können? – so haben Sie doch mehr getan als irgend jemand anders je getan hat und hätte tun können, und das Gute, das Sie getan haben, wird nach Ihnen weiterleben, wachsend von Geschlecht zu Geschlecht. Ich erinnere mich an kein einziges Beispiel, wo neue Gedanken raschere Fortschritte gemacht haben."

Unbestritten bleibt, daß die Verbesserung des Gesundheitszustandes des englischen Heeres auf die geschilderte gemeinsame Tätigkeit von Sidney Herbert und Florence Nightingale zurückgeht, und daß das Samenkorn Frucht getragen hat. 1857 war die Jahressterblichkeit in der Heimatarmee 17,5 auf Tausend. 40 Jahre später war sie auf 3,42 gefallen, 1911 betrug sie 2,47.

Hier, wo wir den Freund scheiden sehen, mag ein schönes Wort aus späterer Zeit – 1870 – zeigen, was Florence unter Freundschaft verstand. „Ich denke, Faradays Begriff von Freundschaft ist sehr hoch: ‚Einer, der seinem Gefährten dienen will gleich nach seinem Gott‘. Und wenn man daran denkt, daß die meisten, nein, daß fast alle Menschen in der Freundschaft überhaupt nichts suchen als ein vergnügliches Nebeneinanderhergehen, dann muß man diesen Begriff von Freundschaft bewundern. Aber meine Vorstellung von einem Freund ist die: einer, der sich mit dir verbinden will und kann in einem Werk, dessen einziger Zweck ist, Gott zu dienen. Zwei in einem und eins in Gott. Das entspricht fast genau den Worten Christi. Und so außerordentlich gesegnet bin ich gewesen, daß ich drei solche Freunde gehabt habe. Ich kann mit Wahrheit sagen: Während der fünf

Jahre, da ich mit Sidney Herbert arbeitete, jeden Tag und fast den ganzen Tag, von dem Augenblick an, wenn er ins Zimmer trat, kam kein anderer Gedanke auf, als das Werk zu tun mit unsern besten Kräften im Dienste Gottes. Und das, obgleich er ein Mann war von der mannigfaltigsten und glänzendsten Unterhaltungsgabe, die mir je begegnet ist – weit über Macaulay, den ich auch kannte. – Das ist der Himmel, und das ist es, was mich bekennen läßt: Ich habe meinen Himmel gehabt."

Im Dienst an der
Gesundheit des Volkes.

Wer die Arbeit der Unermüdlichen in den
Jahren von der Heimkehr aus dem Osten bis
zum Tode ihres treuen Meisters überblickt,
wie sie im letzten Kapitel geschildert worden
ist, der wird gewiß nicht erwarten, daß aus
denselben Jahren nun noch von weiteren Leistungen zu berichten sei. Es grenzt ans Unbe-
greifliche, wenn wir hören, daß am Anfang
des Jahres 1859 ein Buch aus Florences Feder erschien, die berühmt gewordene „Denkschrift über Krankenhäuser", welche zurückgeht auf Berichte, die sie für einen sozialwis-
senschaftlichen Kongreß in Liverpool im Oktober 1858 ausgearbeitet hatte. Weiter, daß
darauf ein weiteres Buch folgte: „Denkschrift
über Krankenpflege", erschienen Ende desselben Jahres. Endlich, daß sie auch noch Zeit
fand, ihre religiösen und philosophischen Ge-

danken, Gedanken über Gott und Welt, über
Glauben und Leben, über Kirchen und Richtungen in der Kirche, über Zeit und Ewigkeit,
worüber sie aus früheren Jahren ausgedehnte
Aufzeichnungen besaß, aufs neue vorzuneh-
men und in drei Bänden mit über 800 Seiten
drucken zu lassen, allerdings nicht für die Öffentlichkeit, sondern nur zum Austausch und
zur Prüfung in einem kleinen Kreis von Männern ihres Vertrauens. Wir können uns dem
Eindruck nicht entziehen, daß sie unter dem
starken Gefühl, daß ihre Tage gezählt seien,
so viel als möglich unter Dach bringen wollte – vor allem von dem, was sie allein ihrem
Volk geben konnte, aber auch aus dem Schatz
ihrer vielfach selbständigen, in eigenem Nach-
denken und Erleben gewonnenen Gedanken.
Und dazwischen hinein konnte sie sich mit
Begeisterung, wenn auch nur durch ihre Arbeiten, an dem Internationalen Statistischen
Kongreß in London im Sommer 1860 betei-
ligen, und zwar so sehr, daß eine Zeitlang alle Aussicht zu sein schien, daß ihre Vorschläge zur Einführung einer einheitlichen Methode der Krankenhausstatistik sich durchsetzen
würden, was dann freilich schließlich daran

scheiterte, daß die maßgebenden Männer die Statistik nicht so wichtig nahmen wie Florence Nightingale es auf Grund ihrer Erfahrungen tun mußte.

War die Sorge für ihre Kinder, die Soldaten, der Oberin der Kriegsspitäler als wichtigstes Vermächtnis auf die Seele gebunden, so vergaß sie über dieser ersten Aufgabe nicht den Blick auf das ganze Volk. Kamen ja doch die Soldaten aus der Mitte des Volkes, wuchsen sie doch von den Kindheitstagen an auf in den Häusern und Straßen, in Dorf und Stadt: England konnte kein gesundes, leistungsfähiges Heer haben, wenn die Gesundheitspflege des Volkes im argen lag, wenn zumal die Frauen in den Heimstätten des Volkes, wenn die Mädchen, welche die Kinder hüteten, keine Ahnung hatten von den Mächten und Kräften, von denen Gesundheit und Krankheit abhängt.

Florence richtete zunächst einmal ihren Blick auf die Krankenhäuser. – Was sie in den Kriegsspitälern und Lazaretten gelernt hatte, sollte nun dem Zivilkrankenhaus zugute kommen. Wir haben es ja fast völlig vergessen, daß die Zeit nicht sehr weit zurückliegt, da man die

Krankenhäuser durchaus nicht nur als Stätten kannte, an denen Heilung von Krankheit zu finden war, da das Spital fast ebenso viele Krankheiten erzeugte als heilte. Wir wissen nichts mehr von Spitalbrand, Spitalsepsis, Spitalrotlauf, Spitalfieber und wie die üblen Seuchen alle heißen, die man sich im Krankenhause holen konnte, in das man gekommen war, um Heilung von einem anderen Leiden zu suchen. Florence Nightingale tritt nun dem Verdacht entgegen, als ob die Krankenhäuser mit ihrer starken Anhäufung von Kranken notwendigerweise Brutstätten der Krankheit sein und bleiben müßten. Sie zeigte die Ursachen der hohen Sterblichkeit auf: Fehler in der Lage der Gebäude, Häufung der Kranken unter demselben Dach, Mangel an Raum, schlechte Lüftung, Mangel an Licht. Sie hatte in Skutari gelernt, wie wichtig die Ableitung der Abfallstoffe durch gute Kanalisation ist. Sie kämpfte für das sogenannte Pavillonsystem: Auflösung der großen Kasernenbauten in eine Anzahl kleinerer Baukörper. Aber ebenso dachte sie an die kleinen Dinge der Inneneinrichtung: eiserne Bettstellen, Haarmatratzen, Glas- oder Tongeschirr statt dem damals üblichen Zinn — so vieles, was jetzt selbstverständlich ist, mußte in jenen Tagen als unerhörte Neuerung erkämpft werden — oft gegen den Widerstand gerade der anerkannten Autoritäten. Wir können uns ja nicht mehr vorstellen, wie damals durchschnittlich die Krankenhäuser aussahen. Florence wußte allerlei seltsame Geschichten mit überlegenem Spott zu erzählen. Sie kennt einen wohlbekannten Londoner Arzt, der beim Eintritt in ein Krankenzimmer zuerst dafür sorgt, daß das Bett vom Licht abgewendet wird. Florence war eine leidenschaftliche Vorkämpferin für frische Luft und unmittelbares Sonnenlicht, nicht bloß Tageslicht — abgesehen nur von besonderen Fällen, in denen es sich etwa um Schonung der Augen handelt. „Ein Bekannter", so fügte sie bei, „kam einmal an einem Kasernenbau vorüber und bemerkte, daß die Fenster an der Sonnenseite mit Brettern verschalt waren, wie es bei Zuchthäusern und Gefängnissen üblich ist. Er sagte zu dem Freund, der ihn begleitete: „Ich wußte nicht, daß Sie hier in der Nachbarschaft eine Strafanstalt haben." — „O, war die Antwort, es ist keine Strafanstalt, es ist ein Militärspital!"

Eine unmittelbare Wirkung der Schrift über Krankenhäuser war es, daß Florence Nigthingale von überall her um Rat angegangen wurde, wenn es sich um Errichtung oder Erweiterung eines Krankenhauses handelte – von Glasgow bis Lissabon reichte der Einfluß aus dem stillen Zimmer der berühmten Frau. Es ist selbstverständlich, daß sie alle ihr vorgelegten Fälle mit größter Sorgfalt und genauestem Eingehen auf die besonderen Verhältnisse behandelte – welche Fülle von Arbeit ist darin beschlossen! Selbstverständlich ist auch, daß sie mit ihren wertvollen Ratschlägen nicht überall durchdrang, insbesondere auch deshalb, weil ihr Rat nicht selten teurer war als was andere vorschlugen. Ein schönes Beispiel von erfreulichem Erfolg ist das St. Thomas-Hospital in London, zu dem sie, wie wir bald hören, in besonders nahe Beziehungen getreten ist. Es handelte sich darum, daß eine Eisenbahngesellschaft einen Teil der Grundstücke des Spitals erwerben wollte, um ihre Erweiterungsbauten auszuführen. Florence setzte sich dafür ein, daß die Gesellschaft veranlaßt werden solle, entweder das gesamte Anwesen zu kaufen oder auf den Plan ganz zu verzichten. Sie bekämpfte den Mittelweg des geringsten Widerstandes: Man gibt der Eisenbahn, was sie braucht, und erweitert das Spital auf dem alten Platz nach anderer Seite. Sie ging mit ganzem Feuer auf die beste Lösung los: Neubau des Spitals an günstigerem Ort nach verbesserten Plänen. Sie wandte sich in einer sorgfältigen Denkschrift an den Prinz-Gemahl und hatte schließlich vollen Erfolg. Wer auf der Terrasse des Parlamentsgebäudes steht und über die Themse auf das gegenüberliegende Bauwerk, besser auf die reiche, siebenteilige Baugruppe sieht, der versteht, daß dieses Krankenhaus, das im Jahre 1871 fertig wurde, damals als die schönste Anstalt ihrer Art in Europa galt. Florence selbst, die ihre Ansprüche hoch stellte, hat es das edelste Bauwerk genannt, das zum Heil unseres Geschlechts errichtet worden ist. Solcher Erfolg ihrer Mühe um die Gesundheit ihrer Landsleute entschädigte sie für viel vergebliche Arbeit und für manchen ergebnislosen Kampf gegen Schwerfälligkeit und kurzsichtige Sparsamkeit.

Florence Nightingale ist in erster Linie Kriegspflegerin gewesen und hat durch ihre

Leistungen im Krimkriege der weiblichen Krankenpflege im Kriege die Bahn gebrochen. Sie hat sodann ihre Erfahrungen aus dem Kriegslazarett auf das Militär- und Zivilkrankenhaus in der Heimat übertragen. Aber so sehr auch ihre Lebensarbeit der Verbesserung des Krankenhauses gilt – wenn sie gelegentlich sagte: „Wir stehen erst an der Schwelle der Krankenpflege" oder: „Das Krankenhaus ist noch nicht der Himmel", so sehen wir deutlich, wie hoch sie das Ziel steckte – die Krankenhausbehandlung ist doch keineswegs das letzte, woran sie denkt. Die Pflege des Gesunden ist ihr wichtiger als die Wartung des Kranken, vorbeugende Gesundheitspflege wichtiger als Krankenpflege. Das dauernde Denkmal dafür ist ihre Schrift „Über die Krankenpflege", die im Dezember des Jahres 1859 erschien, ein Buch, das sich an die breitesten Kreise des Volkes wendet, insbesondere auch in einer billigen Volksausgabe, die 1861 ausdrücklich „für die arbeitenden Klassen" erschien und einen Anhang über das „Kinderhüten" hatte. „Und nun, ihr Mädchen", so beginnt dieser Teil, „habe ich noch ein besonderes Wort für euch. Ihr und ich, wir haben alle schon ein gut Teil mit Kinderhüten zu tun gehabt, wenn das Kleine auch nicht unser eigenes Kind gewesen ist. Und wir sind alle bereit, vieles für so ein Kleines zu tun, was wir für uns selber nicht tun würden."– Gerade dieses Kapitel hat dem Buch und seinen Anregungen viele Türen geöffnet. Ein Lehrer berichtete der Verfasserin, daß die Mädchen sofort für das Buch Interesse haben, wenn er sage, es handle sich um die kleinen Kinder. An den Kindern war auch die erste Wirkung der neuen Gedanken zu spüren. Manche öffneten bei Nacht die Schlafzimmerfenster – gewiß sehr gegen den Wunsch der Eltern, oder sie entfernten die Dunglege vor der Türe. Das Buch hat in einer Menge von Auflagen das Land erobert, es ist auch ins Deutsche und Französische, im Lauf der Jahre in die meisten europäischen Sprachen übersetzt worden. Großherzogin Luise von Baden hat es ganz besonders hoch geschätzt. Das Geheimnis seines Erfolgs liegt nicht bloß in dem überzeugenden Inhalt, sondern nicht weniger in der ansprechenden Form, die beim Leser keine Langeweile aufkommen läßt. Es seien einige Proben daraus gegeben!

Zuerst ein Zeugnis für die Schönheit des Berufs, dem Florence Nightingale ihr Leben geweiht. „Ich spreche die Erfahrung aus, die Europa in einem Vierteljahrhundert gemacht hat, wenn ich sage: Die glücklichsten Leute auf Erden — am meisten befriedigt in ihrer Tätigkeit, am dankbarsten für ihr Leben — sind nach meiner Meinung die, die sich der Krankenpflege widmen. Es ist nichts als ein Mißbrauch der Sprache, solch ein Leben als ein Opfer und als ein Martyrium hinzustellen. Im natürlichen Verlauf der Ereignisse hat es freilich in dieser wie in jeder andern großen Bewegung Märtyrer gegeben; die Begründer und Bahnbrecher von jeder besten und edelsten Sache müssen sich damit zufrieden geben, Märtyrer zu sein. Aber sie selbst sehen sich selten als solche an. Es muß auch in allen Dingen zum Besten des Nächsten beständige Selbstaufopferung geübt werden. Aber das Leben einer Krankenpflegerin, wenn man es vom richtigen Standpunkt aus ansieht, ist kein Leben der Aufopferung; es ist der glücklichsten Tätigkeit gewidmet, die man sich denken kann." Sie vergaß niemals den allerhöchsten Gesichtspunkt: „Weil die Krankenpflege es zu tun hat mit Leben und Tod, den größten Gaben Gottes, mit dem Leib, der ein Tempel des Heiligen Geistes ist, darum muß all unsere Arbeit in diesem Beruf Anfang, Mitte und Ende haben in Ihm, des Ehre aller Dinge Ziel." Sie kann auch recht scharfe Worte finden, um unberufene Bewerberinnen vom Heiligtum fernzuhalten. „Es scheint unter Männern und sogar unter den Frauen selbst eine anerkannte Meinung, daß es nichts weiter brauche, als eine Enttäuschung in der Liebe, das Fehlen eines Lebenszwecks, eine allgemeine Unbefriedigung oder die Unfähigkeit für andere Berufe, um aus einer Frau eine gute Krankenpflegerin zu machen. Das erinnert einen an die Gemeinde, in der ein einfältiger alter Mann zum Schulmeister gemacht wurde, weil er zum Schweinehüten nicht mehr brauchbar war. – Sind diese Dinge nicht wichtig genug und schwierig genug, um eine Ausbildung durch Erfahrung und sorgfältiges Studium zu erfordern, gerade so gut wie jede andere Kunst? Sie kommen nicht durch Eingebung – ebensowenig über die Dame, die in der Liebe Unglück gehabt hat, wie über die Armenhäuslerin, die nichts zu leben hat. – Es ist wahr, wir haben kein Gelübde. Aber ist denn ein Gelübde nötig, um uns zu überzeugen, daß der rechte Geist, um irgendeine Kunst zu lernen und nun gar die Kunst der Liebespflege, nicht damit gewährleistet ist, daß man an irgen detwas anderem oder gar an allem den Geschmack verloren hat? Wir werden doch die Liebe zu unserem Nächsten nicht so niedrig einschätzen? – Es ist dutzendmal gesagt und geschrieben worden, jede Frau gäbe eine gute Pflegerin. Ich glaube im Gegenteil, daß die Grundzüge der Krankenpflege noch so gut wie unbekannt sind."

Das klingt übertrieben; aber wir wollen erst an ein paar Beispielen sehen, wie die ideale Pflegerin sein soll. „Auf den Zehenspitzen gehen, irgend etwas, was im Krankenzimmer zu tun ist, recht langsam tun – alles Derartige ist verkehrt. Ein fester, leichter, rascher Schritt, eine sichere, rasche Hand ist das, worauf es ankommt, nicht der langsame, zögernde, schwankende Fuß, die zaghafte, unsichere Berührung. Langsamkeit ist nicht Zartheit, wenn sie auch oft damit verwechselt wird; Raschheit, Leichtigkeit und Sanftmut vertragen sich ganz gut miteinander. – Ferner, wenn Bekannte und Ärzte nur beobachten könnten, wie dies die Pflegerinnen können und sollen, wie bei Fieberkranken die Gesichtszüge sich spannen, wie die Augen fast einen wilden Ausdruck annehmen, wenn sie nach der Tür hinhorchen, durch die man die Unterhaltung auf dem Gang draußen hört, dann würden sie es kein zweites Mal darauf ankommen lassen, solche Erwartung und Erregung zu veranlassen." – „Unnötiges Geräusch, wenn auch unbedeutend, tut dem Kranken viel weher als unvermeidliches Geräusch, das viel stärker ist. Alle Theorien über geheimnisvolle Wahlverwandtschaften und Abneigungen lassen sich größtenteils, wo nicht ganz, zurückführen auf Sorgfalt oder Gleichgültigkeit in diesen Dingen. Eine Pflegerin, die daherrauscht, ist der Schrecken des Kranken, wenn dieser sich vielleicht des Grundes auch nicht bewußt wird. Das Rauschen der Seide, das Rasseln von Schlüsseln, das Krachen der Schuhe – das alles schadet dem Patienten mehr als alle Arzneien der Welt ihm nützen können." – „Eine gute Pflegerin überzeugt sich stets, daß keine Tür oder Fenster im Krankenzimmer rüttelt oder klirrt; daß kein

Vorhang bei irgendwelcher Änderung des Windes durch das offene Fenster flattern kann; ganz besonders sorgfältig ist sie in diesen Dingen, ehe sie ihre Kranken vor der Nacht verläßt. Wenn du wartest, bis deine Patienten dich an diese Sachen erinnern, wozu haben sie denn dann eine Pflegerin? Es gibt mehr ängstliche als anspruchsvolle Kranke in allen Bevölkerungsklassen; und mancher hat lieber einmal übers andere eine schlechte Nacht, als daß er seine Schwester jeden Abend an alle die Dinge erinnert, die sie vergessen hat." – „Setze dich immer deinem Kranken gerade gegenüber, so daß er, wenn du mit ihm redest, nicht mühsam den Kopf wenden muß, um dich ansehen zu können. Jedermann schaut unwillkürlich die Person an, die mit ihm spricht. Wenn du dem Patienten das zu einer Pein machst, tust du ihm weh. – Sprich nie zu einem Kranken von hinten her oder von der Tür her oder aus einiger Entfernung oder wenn er gerade mit irgend etwas beschäftigt ist. Die förmliche Höflichkeit der Dienstboten in diesen Dingen tut den Kranken so wohl, daß viele ausschließlich Dienende um sich haben wollen, ohne selbst zu wissen, warum." – „Vergiß nicht, daß viele Kranke eine kurze Strecke gehen können, die nicht imstande sind zu stehen oder auch nur aufzusitzen. Das Stehen ist von allen Stellungen die angreifendste für einen schwachen Patienten." – „Alles, was du im Krankenzimmer noch tust, nachdem der Patient für die Nacht hergerichtet ist, macht die Möglichkeit zehnmal größer, daß er eine schlechte Nacht bekommt. Wenn du ihn aber wieder aufweckst, nachdem er eingeschlafen war, sorgst du ihm mit unfehlbarer Sicherheit für eine schlechte Nacht." – „Sage einem Kranken immer und sage ihm im voraus, wenn du aus dem Zimmer gehst und wann du wieder zurückkommen wirst, ob es sich um einen Tag, um eine Stunde oder um zehn Minuten handelt. Du meinst vielleicht, es sei besser für ihn, wenn er dein Weggehen überhaupt nicht bemerkt. – Das ist falsch. Wenn er entdeckt, daß du hinausgegangen bist, hat er nie mehr das Vertrauen, daß auch für ihn gesorgt wird, wenn du weg bist." – „Man darf sich niemals gegen das Bett lehnen, in dem ein Kranker liegt, noch weniger sich darauf setzen; ja, jede unnötige Erschütterung und sogar Berührung ist zu vermeiden. Das ist ohne Ausnahme eine peinliche Belästigung. Wenn du den Stuhl anstößest, auf dem ein Kranker sitzt, so hat er in seinen Füßen einen festen Punkt, auf den er sich stützen kann. Auf einem Bette oder Sofa aber ist er dir auf Gnade und Ungnade ausgeliefert, und jeder Puff, den du ihm versetzest, geht ihm ganz durch Mark und Bein."

„Sehr wenige Leute haben eine Ahnung davon, wie man einem Kranken vorliest; ganz wenige sind imstande, auch nur so angenehm laut zu lesen wie sie selbst sprechen. Beim Vorlesen singen sie, stocken sie, stottern sie, hasten sie, murmeln sie; beim Sprechen tun sie nichts von all dem. Ich habe auch oft einen Patienten zu einem unglücklichen Vorleser sagen hören: Lesen Sie mir's nicht vor; sagen Sie mir's lieber! Beim Vorlesen für Kranke sollte man immer ziemlich langsam sprechen, außerordentlich deutlich, aber nicht affektiert, ziemlich gleichmäßig im Ton, aber nicht singend, ziemlich laut, aber nicht schreiend und vor allem: nicht zu lang. Man muß ganz genau wissen, was der Kranke ertragen kann."

Ein ungewöhnlich feines Gefühl für die unausgesprochenen, ja unbewußten Bedürfnisse des Kranken spricht aus dem Abschnitt über „Abwechslung". „Man hat überhaupt kaum erst eine Ahnung davon, welche Bedeutung es für den Kranken hat, daß er etwas Schönes vor sich hat, daß er nicht immer dasselbe sieht, namentlich aber, daß er sein Auge an frischen Farben weiden kann. Solche Wünsche pflegt man die „Grillen" der Patienten zu nennen. Gewiß haben die Kranken oft „Grillen", z. B. wenn sie zwei entgegengesetzte Dinge zugleich haben wollen. Aber weit öfter sind ihre sogenannten „grillen" sehr wertvolle Anzeichen davon, was zu ihrer Genesung notwendig ist. Und es wäre gut, wenn Pflegerinnen auf diese „Grillen" recht sorgsam achten würden. – Ich habe bei Fieber an andern gesehen (und selbst erlebt, als ich fieberkrank war), daß der Kranke sehr ernstlich darunter leidet, wenn er (in einer Baracke) nicht durch das Fenster sehen kann, und die Astknoten im Holzwerk seine einzige Aussicht bilden. Ich werde nie vergessen, in welches Entzücken Fieberkranke über einen farbenfrischen Blumenstrauß gerieten.

Von mir selbst erinnere ich mich, daß ich einen Strauß von Feldblumen zugesandt bekam, und daß von dem Augenblick an die Genesung raschere Fortschritte machte." – „Ein Kranker kann genau ebensogut sein Bein bewegen, wenn es gebrochen ist, als seinen Gedanken eine andere Richtung geben, wenn ihm nicht durch irgend etwas Neues von außen her eine Hilfe dazu geboten wird." – „Man darf es glauben, fast jeder Kranke, der sich leidlich anständig aufführt, übt in jedem Augenblick seines Tageslaufes mehr Selbstbeherrschung, als du dir überhaupt jemals vorstellen kannst, ehe du selber krank bist." Welch feine Beobachtung in folgender Anleitung: „Paß auf, daß du nicht die Tasse deines Kranken überlaufen lassest, anders ausgedrückt: daß der Boden seiner Tasse ganz trocken und rein ist. Wenn er jedesmal, so oft er die Tasse an die Lippen führt, die Untertasse mitnehmen muß, weil ihm sonst ein Tropfen auf seine Bettdecke fällt oder auf sein Nachthemd oder aufs Kissen oder, wenn er auf ist, auf die Kleider – du machst dir gar keinen Begriff, in welchem Grade diese kleine Nachlässigkeit deinerseits

deinem Kranken das Behagen stört, ja geradezu den Appetit verdirbt."

Auch Selbstverständliches weiß Florence
so zu sagen, daß man aufhorcht, als wäre es
neue Weisheit. „Die Kost, die den gesunden
Menschen gesund erhält, tötet den Kranken." – „Ganz dieselben Gesetze der Gesundheitspflege oder der Krankenpflege gelten unter den Gesunden wie unter den Kranken." – „Über Kälte und Lüftung herrscht in
den Köpfen auch hochgebildeter Leute eine
unglaubliche Begriffsverwirrung. Ein Zimmer kalt machen, schließt durchaus nicht notwendig ein, daß es dadurch gelüftet wird. Andererseits ist es durchaus nicht nötig, ein
Zimmer kalt zu machen, wenn man es lüften
will." – „Nur keine Angst vor offenen Fenstern; man erkältet sich nicht im Bett. Das ist
ein verbreiteter Irrtum." – „Fenster sind zum
Aufmachen da, Türen zum Schließen." – „Eine große Torheit ist auch die Angst vor der
Nachtluft. Was für eine Luft können wir denn
bei Nacht atmen als eben Nachtluft? Wir haben nur die Wahl zwischen der reinen Nachtluft von draußen und der schlechten Nachtluft von drinnen. Die meisten Leute ziehen

die letztere vor. Eine sonderbare Wahl. – In großen Städten ist die Nachtluft oft die beste und reinste Luft, die in den 24 Stunden zu haben ist. Ich könnte es eher verstehen, wenn man in Städten im Krankenzimmer die Fenster den Tag über schließen würde als bei Nacht." – „Man sollte sich zur Luftreinigung niemals auf Räuchermittel, Desinfektionspulver und dergleichen verlassen; das schädliche Ding selbst, nicht bloß sein Geruch ist zu entfernen. Ein berühmter Professor der Medizin begann eines Tages seine Vorlesung: ‚Räuchermittel, meine Herren, sind von wesentlicher Bedeutung. Sie machen einen so abscheulichen Geruch, daß man sich genötigt sieht, ein Fenster zu öffnen.'" – „Ein dunkles Haus ist immer ein ungesundes Haus, immer ein schlecht gelüftetes Haus, immer ein unsauberes Haus." – „Bilde dir nicht ein, es sei ein Mittel, ein Zimmer rein zu halten, wenn man es abschließt. Es ist vielmehr der beste Weg, das Zimmer und alles, was darin ist, zu verderben." – „Wenn ein Kranker fiebert, dann meint man in der Regel, das sei ein Zeichen von Fieber; in neun Fällen unter zehn ist es aber ein Zeichen davon, wie es mit seinem

Bett steht. Der Kranke hat die Ausströmungen seines Körpers, die sein ungelüftetes Bett Tag um Tag und Woche um Woche in sich aufsaugt, wieder in sich aufgenommen. – Wie kann es dann anders sein?" – „Die Stellung des Krankenbetts im Zimmer ist eins von den Dingen, nach denen man zu allererst sehen muß. Es ist eine merkwürdige Beobachtung, daß fast alle Patienten mit dem Gesicht nach dem Licht liegen, genau wie die Pflanzen sich immer nach dem Lichte wenden. Ein Kranker beschwert sich sogar unter Umständen, daß ihm das Liegen auf dieser Seite weh tue. Warum liegen Sie aber denn dann auf dieser Seite? – Er weiß es nicht, aber wir wissen es: weil es die Seite ist, auf der das Fenster liegt." – Eine Bemerkung, gegen die sich unsere Hausfrauen wehren mögen: „Abstäuben bedeutet in unsern Tagen nichts anderes, als bei geschlossenen Türen und Fenstern den Staub von einem Ende des Zimmers ins andere wirbeln. Wozu man das tut, ist nicht auszudenken. Du tätest viel besser daran, den Staub in Ruhe zu lassen, wenn du doch nicht im Sinn hast, ihn ganz zu entfernen. – Der einzige Weg, den ich kenne, um den Staub zu entfernen, diese Pest für alle Freunde frischer Luft, ist, alles mit einem feuchten Tuch abzuwischen. Und alle Möbel sollten so beschaffen sein, daß man sie unbedenklich feucht abwischen kann. Das Staubwischen, wie es gegenwärtig gemacht wird, heißt in Wahrheit den Staub gleichmäßiger im ganzen Zimmer verbreiten."

Von besonders zartem Empfinden zeugt das Kapitel über das Plaudern am Krankenbett. „Der kranke Mann an seine Ratgeber: Meine Ratgeber! Ihr Name ist Legion. Es scheint von der Weltordnung eigens vorgesehen zu sein, daß jeglicher Mann, Frau, Kind sich ganz speziell zu meinem Ratgeber berufen glaubt. Warum denn? Das ist's eben, was ich wissen möchte! Und was ich Ihnen zu sagen hätte, wäre folgendes: Man hat mir jeden Badeort in England und außerhalb geraten, ferner jede Art von Bewegung mit jeder Art von Fahrzeug und Wagen, Schaukel und Hantelübung nicht ausgeschlossen, auch jede denkbare Art von Stärkungsmittel, das je erfunden worden ist. Und das, nachdem mir die, die es am besten wissen müssen, meine Ärzte, auf Grund langer und genauer Beobachtung jede Reise und jegliche Bewegung verboten und Essen und Trinken aufs genaueste vorgeschrieben hatten. Was würden meine Ratgeber sagen, wenn sie die Ärzte wären, und ich, ihr Patient, nicht ihnen, sondern den unberufenen Ratgebern folgte? Aber das ist das Merkwürdige: Es kommt keinem von den vielen in den Sinn, daß jeder andere mir auch seinen Rat gibt, und daß ich, der Patient, mich nur dadurch retten kann, daß ich sage: Allen Leuten kann man's nicht recht machen." – Florence redet dann von dem „Hoffnungmachen" am Krankenbett. Sie bezeichnet es auf Grund ihrer eigenen Erfahrung als etwas vom Allerverwerflichsten. Ja, wenn es sich um den Rat der Erfahrung an die Unerfahrenheit handelte; aber es ist meist der Rat der Unerfahrenheit an die bittere Erfahrung. „In der Regel hat es nicht mehr zu bedeuten, als daß du denkst, ich erhole mich von der Schwindsucht, weil irgendeiner irgendwo jemand weiß, der sich vom Fieber erholt hat." – „Kein leichtfertiges Geschwätz in der Welt ist so völlig hohl als die guten Ratschläge, die man auf den Kranken losläßt." – „Du, der du um den Kranken bist oder ihn besuchst, versuche, ihm eine Freude zu machen; besinne dich lieber auf ein Gespräch, das diese Wirkung hat." – „Ein Kranker hört so gern eine gute Neuigkeit, z. B. von einem Liebesverhältnis, das einen guten Ausgang verspricht. Wenn du dem Patienten nur trocken sagst, wann die Hochzeit stattfindet, bringst du ihn um die Hälfte der Freude, von der er, weiß Gott, wenig genug hat. Und vielleicht hast du ihm gar eine Liebesgeschichte mit schlimmem Ausgang erzählt! – Eine ganz besondere Freude ist es für den Kranken, von einer wirklich guten Tat zu erfahren, von einem wirklichen Sieg einer guten Sache. Er hat so viele Bücher, so viel Erdichtetes; an Grundsätzen, Vorschriften und Theorien fehlt es ihm nicht. Statt ihn nun mit Ratschlägen zu behelligen, die er schon wenigstens fünfzigmal gehört hat, erzähle ihm von einer guten Handlung, die einen wirklichen praktischen Erfolg gehabt hat – das ist so viel wert für ihn wie ein Tag Gesundheit." – „Ein kleines Lieblingstier ist oft eine ausgezeichnete Gesellschaft für den Kranken, besonders in langwierigen, chronischen Fällen. Ein kleiner Vogel im Käfig ist manchmal die einzige

Freude für einen Patienten, der Jahre lang auf dieselben vier Wände angewiesen ist. Wenn er das Tierchen selbst füttern und besorgen kann, sollte man ihn immer dazu ermuntern." „Ein Kranker, der von seiner Verpflegung durch eine Wärterin und einen Hund berichtete, gab der durch den Hund weitaus den Vorzug. Vor allem, sagte er, schwatzte er mir nicht die Ohren voll."

Solche Blütenlese ließe sich noch beliebig lange fortsetzen. Ist es nicht eine Freude, einen Gegenstand so anregend, so ganz aus dem frischen Leben heraus behandelt zu sehen? Da ist keine graue Theorie; man sieht wirklich die Krankenpflegerin in ihrem Element. Aber auch die wenigen Proben schon lassen erkennen, daß hier nicht eine Dilettantin redet, sondern daß genaueste Kenntnis und auch wissenschaftliche Bildung sich mit der praktischen Erfahrung verbunden hat zu einer Sicherheit des Urteils und Klarheit des Blicks, wie es wohl auf dem Gebiet des Krankenpflegewesens selten dagewesen ist.

Immer wieder kommt in Florences Ausführungen zutage, daß sie den Frauen Englands zu einem befriedigenden Berufe verhelfen will. Es sei noch ein bezeichnendes Wort dieser Art angeführt. „Ich bitte meine Schwestern dringend, sich vor den beiden Redensarten zu hüten, die jetzt überall in der Luft schwirren. Die erste Redensart ist die von den Frauenrechten, die die Frau dazu drängt, alles zu tun, was die Männer tun, einschließlich des ärztlichen Berufs, einfach weil die Männer es tun, ohne zu bedenken, ob es auch das Beste ist, was Frauen tun können. Und dann die andere Redensart, die den Frauen verwehrt, irgend etwas zu tun, was die Männer tun, einfach weil sie Frauen sind, in denen man das Gefühl für ihre Pflicht als Frauen wieder wecken muß: „weil das Frauenarbeit ist, und das ist Männerarbeit", „weil das Dinge sind, mit denen sich Frauen nicht abgeben sollten." – Das sind lediglich Behauptungen und nichts weiter. Vielmehr die Frau soll das Beste, was sie hat, was immer das auch sein mag, zu dem Werk in Gottes Welt herzubringen, ohne auf eines von diesen Schlagworten zu hören. Ein weiser Mann hat gesagt: Niemand hat je etwas Großes und Nützliches vollbracht, wenn er auf die Stimmen von außen hörte. – Es macht ein Werk nicht gut,

wenn man sich wundern muß, daß eine Frau
es hat vollbringen können. Es macht ein Werk,
das gut ist, wenn es ein Mann tut, auch nicht
schlecht, wenn es eine Frau vollbracht hat. O,
laßt diese Redensarten und geht geradeaus
auf Gottes Werk los, in Aufrichtigkeit und
Einfalt des Herzens."

Die Nightingale-Spende, welche die dankbare Nation ihrer Heldin in die Hand gelegt
hatte, harrte noch der Entscheidung über ihre
zweckmäßigste Verwendung im Dienst der
Wohlfahrt des Volkes. Die unter Aufsicht eines Verwaltungsrats mit Sidney Herbert als
Vorsitzendem angelegte Summe sollte verwendet werden zur Errichtung einer „Anstalt
für Ausbildung, Versorgung und Förderung
von Krankenpflegerinnen und Krankenhaus-
angestellten." Zunächst hatte Florence an die
Gründung eines völlig neuen Unternehmens
gedacht, eine Art englisches Kaiserswerth,
dessen Leitung sie selbstverständlich in der eigenen Hand haben wollte. Ihr Gesundheitszustand wie auch die völlige Inanspruchnah-
me durch die Arbeiten für das Heer nötigte
sie, diesen lieben Gedanken aufzugeben. Im
Frühjahr 1858 bat sie Herbert, sie von der

Verantwortung in der Sache zu entbinden und die Gelder in geeignet scheinender Weise zu verwenden. Die verantwortlichen Männer trugen Bedenken, dem Werke den starken Einfluß Florences entgehen zu lassen, und schoben die Entscheidung hinaus. Doch war ein Zweifel daran nicht möglich, daß von der Gründung einer neuen Unternehmung unter ihrer persönlichen Leitung in absehbarer Zeit nicht die Rede sein konnte. Man mußte sich dazu entschließen, ein bereits bestehendes Krankenhaus mit der Aufgabe zu betrauen und die Leitung in andere Hände zu legen. Die Wahl fiel auf das St. Thomas-Spital, eine der ältesten Anstalten auf englischem Boden, deren Gründung in das Jahr 1213 zurückgeht. Das Spital stand damals auf der Südseite der Themse in der Nähe der Londonbrücke, da wo jetzt der große Bahnhof der Südostbahn ist. Seit alter Zeit hatten hier pflegende Schwestern im Dienst gestanden, auch hatte sich das reiche Spital der Pflege armer Kranker von jeher besonders angenommen. Dazu kam, daß der leitende Arzt Florences Vertrauen besaß und ihr die Oberin als hervorragend tüchtig schon von der Zeit ihrer Aussendung nach dem Osten bekannt war. Sie hatte damals eben ihre Stelle in St. Thomas angetreten, und nach dem Krieg fand Florence, daß die Pflegerinnenschar außerordentliche Fortschritte unter ihrer Leitung gemacht hatte. Ein Stockwerk in einem neueren Flügel des alten Spitals wurde für die Nightingale-Schule eingeräumt. Das Spital hatte für Ausbildung und Unterricht zu sorgen, für Kost und Wohnung, für Kleidung und Wäsche kam die Stiftung auf, aus der die Zöglinge auch noch ein Taschengeld erhielten. Durch die Presse war zur Bewerbung aufgefordert worden, und am 24. Juni des Jahres 1860 wurde die Schule mit 15 Schülerinnen eröffnet. Zwei Dinge waren Florence gleich wichtig: die gründliche Fachausbildung und der Heimcharakter des Hauses. Die Lehrzeit dauerte ein Jahr. Die Schülerinnen hatten in den Krankensälen Dienst zu tun und empfingen Unterricht von dem leitenden Arzt in Verbindung mit Schwestern und anderen Ärzten. Jede hatte ihren eigenen Schlafraum, das Wohnzimmer war gemeinsam. Florence hatte ein außerordentlich eingehendes Schema für monatliche Berichte ausgearbeitet, das von der Oberin auszufüllen war. Da wurde das sittliche Verhalten unter fünf Stichwörtern beurteilt: Pünktlichkeit, Gemütsruhe, Zuverlässigkeit, persönlicher Anstand und Reinlichkeit, Saalordnung. Der technische Bericht umfaßte gar 14 Hauptpunkte mit je 10-12 Unterabteilungen. Ein sehr ausführlicher Abschnitt beschäftigte sich beispielsweise mit der Beobachtung des Kranken. Nach der Prüfung am Schluß des Ausbildungsjahres erhielten die Schülerinnen ein Zeugnis als ausgebildete Pflegerinnen und sollten nun in Krankenhäusern oder anderen öffentlichen Anstalten Dienst tun. Die Oberin hielt strenge Zucht, insbesondere hatte sie ein scharfes Auge auf Liebeleien und ungeeigneten Verkehr. Eine Äußerung lautet: „Wenn ich auch nicht den geringsten Grund habe, an der Tadellosigkeit ihres sittlichen Charakters zu zweifeln, so ist doch ihr Benehmen nicht einwandfrei: Sie gebraucht ihre Augen in einer Weise, die mir nicht gefällt. Es mag sein, daß sich mit den Jahren diese unglückliche Schwäche verliert." Florence war nicht in der Lage, ihre Schule selber zu besuchen. Wie schwer muß ihr dieser Verzicht geworden sein! Um so unersättlicher war sie in der Begierde, alles und jedes bis zum Kleinsten zu hören, und an Freunden, die ihr berichteten, fehlte es nicht. Dafür schickte sie auch allerlei freundliche Grüße in den Wohnstock ihrer Zöglinge: Bücher, Zeitungen, Blumen. Mit ängstlicher Spannung erwartete sie die erste Prüfung; ein großer Stein war ihr vom Herzen genommen, als 13 von den 15 Erstlingen mit Erfolg bestanden. Die neue Pflanze war angewachsen. Sie steht bis heute in Saft und Kraft und hat seit jener Zeit viele und mannigfaltige Frucht getragen. Man kann überall in der weiten Welt Ableger von Florence Nightingales Pflegerinnenschule finden. Auch an Deuschland, wo sie ihre wertvollste Lehre empfangen hatte, hat sie manche fruchtbare Anregung zurückgeben können.

Die weitgehende Veränderung, welche der Beruf der Krankenpflegerin seit jenen Tagen in England erfahren hat, mag noch beleuchtet werden durch zwei Zahlen aus der Volks- und Berufszählung. 1861 werden gezählt 27.618 Pflegerinnen in Krankenhäusern und sonstige, die nicht einfach Dienstboten sind; sie sind in der Beschäftigungsspalte unter Dienstpersonal aufgeführt. 1901 sind es 64.214

Pflegerinnen, und sie stehen unter dem Stichwort „Medizinalwesen". Wir haben zu ermessen gelernt, wie viel von dieser Veränderung England, ja die Welt Florence Nightingale verdankt.

Der Schluß eines Briefes an die Mutter Fliedner vom 6. Dezember 1860 führt uns von all der Arbeit, welche ihren stärksten Antrieb von der Unermüdlichen empfing, wieder zurück zu ihr selbst. „Was soll ich Ihnen nun von mir sagen?" schreibt sie, nachdem sie sich teilnehmend über alle Kaiserswerther Verhältnisse ausgesprochen hat. „Das Leben, wie ich es führen muß, ist mir oft schwer. In mancher Hinsicht gleicht es, glaube ich, dem Ihrigen. Nur wird mein Körper immer schwächer, und ich verlasse jetzt mein Zimmer nicht mehr. Die Beziehungen zwischen meinem Leben und dem Ihrigen* sehe ich darin, daß, während ich meinte, Gott habe mich zu einem tätigen Leben unter meinesgleichen bestimmt, wie es in der Krim der Fall war, er mich nun immer als Vorsteherin für ihn

* Fliedners zweite Gattin, Karoline Bertheau, war als Oberwärterin im städtischen Krankenhaus in Hamburg tätig gewesen, als Fliedners Werbung an sie kam.

arbeiten läßt, aber als eine bettlägerige Vorsteherin; das ist bei Ihnen anders. Immer, liebe Mutter, Ihre Fl. N." – Sie kann schon ruhig über diese Dinge reden; sie kann fast
schon darüber scherzen; aber es will uns doch
scheinen, als ob der rasche Briefschluß den
Aufschrei des Herzens unterdrücken und ab-
schneiden sollte.

Auch im Jahr 1859 gab es mehr als einen
Tag, wo sie selbst und ihre Freunde das Ende
unmittelbar erwarteten. Sie hatte genaue Vorschriften über ihre Beerdigung gemacht. Nicht
nur in ihren Briefen, sondern auch in denen,
die sie erhielt, war manchmal von dem Ende
die Rede, als sei seine Nähe gewiß. „Was für
eine Krone werden Sie haben, wenn Sie ruhen von Ihrer Arbeit und Ihre Werke Ihnen
nachfolgen!" Anfang 1860 kann sie schreiben: „Ich bin noch, wie Sie sehen, gegen die
allgemeine Erwartung, im Lande der Lebendigen, aber so viel schwächer als damals, als
Sie mich so freundlich besucht haben, so daß
ich jetzt überhaupt nicht mehr aufsitze. ‚Nun
lässest du deinen Diener –' das ist das einzige
Gebet, das ich jetzt noch für mich sprechen
kann." In derselben Zeit aber leistet sie so un-

begreiflich Vieles und Großes, und zwischen die Stunden der Todesschwäche hinein ist sie so voll Leben und Feuer, daß es denen, die mit ihr verhandeln, schwer wird zu glauben, daß sie eine ernstlich Kranke vor sich haben. Insbesondere waren Besucher, die sie zu empfangen abgelehnt hatte, häufig überzeugt, daß ihre Krankheit nur eine Maske für einen herben Charakter und ein schwieriges Temperament sein könne. Sie hatten unrecht. Ihr Freund Dr. Sutherland, der am meisten um sie war, wußte es besser. Ein hoher Herr hatte vorgesprochen, um indische Fragen mit Florence zu verhandeln. Er fand sie viel besser, als er erwartet hatte, und äußerte dies gegen Dr. Sutherland, als er die Treppe hinabging. Dieser erwiderte: „Sie können es ja nicht wissen; aber wenn ich hineinkomme, werde ich sie ganz abgekämpft finden und meinerseits nicht ein einziges Wort mehr mit ihr sprechen." Und so war es auch: Dr. Sutherland traf sie am ganzen Körper zitternd und mußte ärztliche Hilfe anwenden. Für jede Besprechung mit einem Fremden, auch für manche Verhandlung mit ihren vertrauten Mitarbeitern mußte sie sehr sorgfältig Kraft im voraus aufspeichern, und die Abwicklung eines schwierigen Geschäfts oder auch eine Aufregung bei einer Besprechung ließ sie völlig erledigt und mit Herzklopfen zurück. Über die Ursachen dieses Zustandes waren die Ärzte verschiedener Meinung, insbesondere darüber, ob eine Störung des Herzens vorliege. Sie standen vor der unbestreitbaren Tatsache, daß sie bei aller Herzschwäche arbeitete wie ein Herkules. Es mag sich wohl um eine Herzerweiterung und um Nervenschwäche gehandelt haben. Beides wäre zu heilen, mindestens zu bessern gewesen durch eine lange Zeit völliger Ruhe. Wir wissen nun zur Genüge, daß eben dies das eine war, was sie nicht zu leisten imstande war. Tatsache ist jedenfalls, daß sie oft in Wochen ihr Sofa oder Bett nicht verließ und Monate nicht aus dem Zimmer kam. Was in jenen Jahren angespanntester Arbeit eine Notwendigkeit war, mag später wohl bis zu einem gewissen Grad zur Gewohnheit geworden sein. Sie schloß sich wie ein Einsiedler von der Welt ab und wechselte in der Regel nur einmal im Jahr ihren Aufenthaltsort – bis zum Jahr 1858 suchte sie Luftveränderung in Schottland,

später genügten ihr die Höhen im Norden
von London-Hampstead oder Highgate, und
hier oder dort lag sie gleichermaßen auf dem
Sofa. Dr. Sutherland wurde immer mehr ihr
unentbehrlicher Privatsekretär, und ihre liebe
Tante Mai, mit der sie nach ihrem eigenen
Ausdruck in einem richtigen Liebesverhältnis
stand, versorgte sie mit rührender Treue und
hielt mit unerbittlicher Festigkeit die übrige
Welt von ihrer Türe fern. Durch den uner-
meßlichen Strom der Briefe kam ja die Welt
doch auch in diese stille Zelle, und dort hatte
man Humor genug, sie gründlich zu verach-
ten. Florence machte ihre witzigen, oft bei-
ßenden Randbemerkungen nach Art eines
Friederikus Rex, und Onkel Sam, der Gatte
der Tante Mai, der die Privatkorrespondenz
bearbeitete, machte sich ein Vergnügen daraus, diese Dinge im Sinne seiner Nichte zu erledigen. Ein Beispiel für viele: Eine Dame,
die Miß Nightingale liebt und verehrt, gibt
sich der Hoffnung hin, sie einmal sehen zu
dürfen. Florence schreibt: „Lieber Onkel Sam,
bitte, wehre dieses Frauenzimmer ab, und sag
ihr, daß ich niemals wohl genug sein werde,
um sie zu empfangen, weder hier noch dort!"

Namentlich hat es der berühmten Frau nicht an Heiratsanträgen gefehlt. Die Bewerber waren zutiefst ergriffen von ihren edlen Gesinnungen, fürchteten, daß erst im Himmel ihr heiliges Werk völlige Anerkennung finden werde, boten aber inzwischen Hand und Herz, die noch frei, in tiefer Empfindung des großen Abstands demütig an. Es ist der Einsamen zu gönnen, daß sie doch so manches von der menschlichen Tragikomödie auch in ihren vier Wänden genießen konnte. – Sie hatte doch auch ihre stillen Freunde, die sie niemals ärgerten: ihre Blumen und ihre Katzen. Selbst eine große Blumenfreundin war sie durchdrungen von dem Glauben an die wohltätige Wirkung der Blumen auf die Kranken. Sie wurde aus den Gärten ihrer Freunde reichlich versorgt und gab ihrerseits weiter an Schwestern und Spitäler. „Die stummen Tiere", so schrieb sie damals ihrer Mutter, „sind so viel aufmerksamer gegen einen als redende Wesen, und wissen so viel besser, woran man denkt." Florences Arbeitsstätte in London in diesen ganzen Jahren seit dem Krieg war in einem zum Burlington-Hotel gehörigen Haus (Westen – in der Nähe des Picadilly): Nicht mehr als ein Schlaf- und ein Ankleidezimmer brauchte sie für sich, dazu ein Zimmer für ihr Mädchen und ein zweites Schlafzimmer für einen etwaigen Übernachtgast. Eine Treppe tiefer war noch ein Wohnzimmer, in dem sie ihre Mitarbeiter gelegentlich zu Tisch bitten konnte. Aber wie selten wird sie selbst mit am Tisch gesessen haben! Ein Empfangszimmer zu besitzen, lehnte sie leidenschaftlich ab: das sei ein Ding, das so manches Frauenleben schon verdorben habe. So sehr sagte ihr diese unabhängige Einfachheit zu – zugleich auch die günstige Lage in der Nähe des amtlichen London-Whitehall mit den weltbekannten Namen: Foreign Office in der Downstreet, Horse Guards, India-Office und Admiralität –, daß sie das freundliche Anerbieten der Königin, ihr im Kensingtonpalast einen Flügel einzuräumen, mit Dank ablehnte. Ihr einfaches Gasthauszimmer hieß bei den Eingeweihten „das kleine Kriegsamt".

Dort hat sie ihren Bericht über die Erfahrungen des Krimkriegs geschrieben, dort die entscheidende Besprechung mit Lord Panmure gehabt. Von dort gingen ihre Denkschriften über Spitäler und Krankenpflege in die Welt hinaus, dort hat sie die Anordnungen für die Nightingale-Schwestern entworfen. Gewiß war sie sehr anhänglich an die Stätte so reicher Tätigkeit geworden. Aber dort hat auch ihr Freund und Meister Herbert den letzten Abschied von ihr genommen.

Die letzte Arbeit, die sie dort abschloß, war die erwähnte Denkschrift über den Vollendeten. Dann gab sie diese Wohnung auf und hat sie nie wieder betreten. Ein Abschnitt ihres Lebens war geschlossen.

Ob noch einmal ein neuer Anfang möglich war? Einen festen Wohnsitz fand die heimatlos Gewordene nach manchem Wechsel in einem Hause, das ihr Vater 1865 für sie erwarb: in der Southstreet an der Ostseite des Hyde-Parks, nicht weit von der Schwester Parthe, die seit 1858 mit Sir Harry Verney verheiratet war. Dort lebte Florence Nightingale bis zu ihrem Ende.

Aber wichtiger als dies Äußerliche: Es rief auch neue Arbeit. Florence durfte sich als Erbin und Nachlaßverwalterin der Reformgedanken Herberts betrachten. Frau Herbert traf den Punkt, auf den es ankam, wenn sie der Lebensmüden schrieb: „Wenn Sie um Ihrer selbst willen nicht mehr zu leben wünschen, Liebste, so ertragen Sie das Leben noch eine Zeitlang, um sein Werk auszuführen und sein Andenken in den Herzen der Menschen frisch zu erhalten." Dazu aber kam die große Arbeit für Indien, die hier nur angedeutet werden kann: Dort waren dieselben Mißstände im Gesundheitswesen des englischen Heeres zu bekämpfen wie im Mutterlande, noch verschärft durch das Klima und die Entfernung von der Heimat. Wenn es gelungen ist, die Sterblichkeitsziffer von 69 Todesfällen auf 1.000 Mann bis auf 5 herunterzudrücken, so ist das zum guten Teil das Verdienst von Florence Nightingale.

Es ist ein Tatbestand, wie wir ihn gewiß nicht leicht irgendwo in der Geschichte wiederfinden: ständiger, zeitweilig täglicher amtlicher Verkehr zwischen Ministern und Staatssekretären einerseits und einer völlig im Privatleben stehenden Frau andererseits, die zudem als Invalide in ihrem Bett oder auf ihrem Sofa liegt!

Eine besondere Gnade aber ist ihr auch jetzt geschenkt: Freunde, mit denen sie ihr

Werk teilen konnte. Benjamin Jowett, Pfarrer und Professor in Oxford, war der ebenbürtige Partner ihrer religiösen und philosophischen Gedanken, mehr und mehr auch ihr Seelsorger, und Dr. Sutherland, der einzigartige Privatsekretär, Flügeladjutant und Leibsorger, vermittelte den Verkehr mit der Welt – und was für einer Welt!

Nur erwähnt sei schließlich noch, daß Florence Nightingale auch bei der entscheidenden Besserung der Zustände im Armenhauswesen (Armengesetz von 1867) an vorderster Stelle mitgearbeitet hat. Der Anstoß dazu kam von Liverpool durch den edlen Menschenfreund William Rathbone, der in Florence wieder einmal die richtige Mitarbeiterin für ein nötiges Werk gefunden hatte.

Alles in allem ist es nicht zuviel gesagt: Florence Nightingale ist im Lauf der Jahre zu einer Art Zentralauskunftsstelle für Krankenhaus- und Krankenpflegeangelegenheiten weit über England und seine Kolonien hinaus geworden.

Die Kriege von 1866 und 1870/71 brachten der Sachverständigen im Kriegspflegewesen nicht nur Anfragen und Auszeichnungen von beiden kriegführenden Parteien, sondern auch die Befriedigung über die Fortschritte der Sache des Roten Kreuzes, die nach dem ausdrücklichen Zeugnis ihres Begründers Henri Dunant durch Florence Nightingales Werk in der Krim die entscheidende Anregung empfangen hat.

Denken und Wirken.

In Florence Nightingales Tagebuch vom Jahre 1872 findet sich der Satz: „Dieses Jahr trete ich aus dem Dienst." Wir verstehen wohl, was mit dem Dienst gemeint ist, auf den sie zurückschaut. Sie konnte wohl sagen – so in einem Brief vom 11. August 1867 (wir sehen, wie genau ihre Erinnerung war: Es ist der Jahrestag ihres Eintritts in ihre erste Stellung in der Harleystraße): „Es ist 14 Jahre an eben diesem heutigen Tag, daß ich in die Arbeit eingetreten bin, die mir nie auch nur 10 Minuten freie Zeit gelassen hat, nicht einmal dazu, um krank zu sein." Im Dienst in ganz besonderer Weise war sie namentlich seit der Rückkehr vom Kriegsschauplatz gewesen: im ständigen, vielfach täglichen Geschäftsverkehr mit Ministern und Staatssekretären und öffentlichen Ämtern und Körperschaften. Seit im Jahre 1868 Gladstone an die maßgebende Stelle gekommen war, hatte ihre Arbeit in dieser Art angefangen nachzulassen: Die politischen Fragen – so beurteilte sie selbst die Lage – traten in die erste Reihe, und die Verwaltung, zu der sie etwas zu sagen hatte, mußte in den Hintergrund. Die Veränderung wurde ihr klar, als nach der Ermordung des indischen Generalgouverneurs Lord Mayo der neuernannte Nachfolger, obwohl mit Florence persönlich bekannt und ein Freund von Herbert, ihr vor seiner Ausreise keinen Besuch machte. Wir sehen nachträglich noch einmal die Einzigartigkeit der Stellung dieser Frau in der Krankenstube: Nun, sagte sie, weiß ich, daß meine Amtszeit zu Ende ist, sie wollen mich nicht mehr haben. Und im Zusammenhang mit solchen Erfahrungen kamen die schon öfter ausgesprochenen Gedanken wieder mit Macht über die Invalide: Jetzt ist die Zeit gekommen, daß ich in mein Thomas-Hospital eintrete – als Kranke unter Kranken. Ihr Freund Jowett widmet der Widerlegung dieser „exzentrischen Idee" einen sorgfältig überlegten Brief. Er legt ihr nahe, daß ein Leben als Patient im Krankenhaus sie umbringen würde. Nebenbei wäre sie natürlich nicht ein Patient wie andere, sondern eine Art Oberleitung der ganzen Anstalt, welche die Ärzte in Atem halten würde. Florence gab den Hospitalgedanken auf, bemühte sich dann eine Zeitlang um eine Wohnung in möglichster Nähe des St. Thomas-Hospitals, sah aber auch davon wieder ab. Doch wollte sie wenigstens in dem Sinn recht behalten, daß sie in Zukunft ihrer Schule, die sie dort wußte, mehr als bisher ihre Kraft widmete.

Doch hatte Freund Jowett gewiß nicht unrecht, wenn er ihr sagte, daß diese Tätigkeit sie nicht ausfüllen könne. Sagte sie doch selbst: „Ich sehe keinen folgerichtigen Pfad vor mir, der aus meinem eigenen Tun erwächst, sondern nur eine Aufeinanderfolge von getrennten Lebensstücken und unverbundenen Ereignissen." – „Niemals hat Gott mich Überdruß am tätigen Leben empfinden lassen, immer nur die Sorge, vorwärts zu kommen. Jetzt im Alter wünsche ich niemals von neuer Arbeit befreit zu werden, sondern nur, daß ich welche zu tun habe." Jowett beglückwünschte sie dazu, daß sie nun nicht mehr nötig habe, sich um die Freundschaft von Ministern zu bemühen, und einmal ganz nur von sich selber abhängig sei. Er meinte, es sei der weitaus vorzüglichere Weg, die Menschheit durch Ideen zu beeinflussen, als durch Einwirkung auf die äußeren Verhältnisse ihre Lage bessern zu wollen. Und so ermunterte er die Freundin jetzt noch mehr als schon bisher zu schriftstellerischer Tätigkeit. Bisher habe sie ihre urwüchsigen Gedanken entweder in Blaubücher vergraben oder vor die Säue geworfen – wozu er sich selbst rechnete, der sie dann gelegentlich in einer Predigt verwendete! Florence hat sich viele Mühe gegeben, der Mahnung des Freundes nachzukommen, und mancher Aufsatz ist ihrer Feder entflossen. Es ist doch deutlich, daß nicht in der Errichtung von Gedankengebäuden ihre besondere Stärke lag. Was sie liest und studiert – und dessen war nicht wenig –, das muß sie immer in Beziehung bringen zu dem Kampf ihres eigenen Lebens und zu ihrem Werk, das sie als ein Stück der Verwirklichung des Willens Gottes betrachtet. Für sich selber sucht sie Kraft neben der Bibel namentlich in Plato, mit dem Jowett sich wissenschaftlich beschäftigte, und besonders in den mittelalterlichen Mystikern. Sie war in der Lage, ihrem gelehrten Freund bei der Neuherausgabe eines Werkes über Plato wertvolle Anregungen zu geben, deren Benützung sich durch Vergleichung zweier Auflagen genau nachweisen läßt. Sie arbeitete mit an einer Schul- und Kinderbibel, einem Buch in der Art der späteren biblischen Lesebücher. Wir staunen, wie selbständig und energisch sie auch hier ihre Meinung gegenüber den gelehrten Männern zur Geltung brachte. Ein Beispiel: „Es ist unmöglich, Beziehungen aufrecht zu halten mit einem sonst auch noch so achtenswerten Mann, der die 26 letzten Kapitel des Jesajabuchs von Jesaja lediglich durch eine lumpige Anmerkung mit Sternchen abtrennt. — Sie müssen unter eine eigene Überschrift mit dem Zusatz ‚Ende der babylonischen Gefangenschaft‘, und zwar deutlich im Text, nicht in einer Anmerkung.“

Daß Florence gelegentlich mit mehr als oberflächlichem Interesse in katholische Art und katholische Frömmigkeit hineingeschaut hat, haben wir mehr als einmal beobachtet. Anschließend an ihre Beschäftigung mit Plato hat sie namentlich in den Jahren 1873 und 1874 viel aus den mittelalterlichen Mystikern geholt. Jowett begrüßte ihren Gedanken, eine

Auswahl aus dem Besten dieser Schriften zu-
sammenzustellen. Sie folgte hierbei einem tie-
fen Bedürfnis. Und so wenig wir zunächst
Verwandtschaft zu finden glauben zwischen
den weltabgeschiedenen Heiligen und der
Frau, welche als Bahnbrecherin einen nie be-
tretenen Pfad geöffnet hat, deren strengste
Forderung immer die geschäftsmäßige An-
fassung jeder Arbeit gewesen ist, so sehen wir
doch gerade hier in die Tiefe ihrer Natur ganz
besonders deutlich hinein. Derselbe Mensch,
der nach außen so stark und herrschend in
Erscheinung tritt, der ein Halt, oft auch ein
Sporn und eine Peitsche war für andere, ist
bei sich selbst daheim ein schwaches Geschöpf, das beständig zu ringen und zu flehen
hat, daß es nicht in Unglauben und Verzagen
untergehe oder auch in Auflehnung gegen
den Willen Gottes aus der Bahn gerate. Was
sie brauchte, das war der stets neue Antrieb
zum unablässigen Wirken in Gottes Dienst,
aber auch die stille Gelassenheit, die alles, zumal allen Erfolg, der höheren Macht anheim-
stellen kann. „Es gefällt Gott nicht, wenn wir
zu begierig fragen. Eine Seele, die sich wirklich Gott übergeben hat, tut seinen Willen in

der Gegenwart und vertraut dem Vater für die Zukunft. Nun sind es 20 Jahre (11. August 1873), seit ich ins öffentliche Leben eingetreten bin, und ich habe diese Lektion noch nicht gelernt, obwohl die Gestaltung dieser 20 Jahre zum größeren Teil mir aus der Hand genommen und in Seine Hand gelegt war, wie wenn es sich um die Bewegung der Planeten gehandelt hätte." „Ein Tropf der ich war, daß ich nicht sah: Gott nahm mir alle menschliche Hilfe, um mich zu zwingen, daß ich mich an ihn allein lehne." So und ähnlich lesen wir es oft in Briefen an vertraute Freunde und in den Aufzeichnungen, die sie in schlaflosen Nachtstunden dem Papier anvertraute. Und in diesem Ringen – ebenso um Kraft zum Wirken wie um Stille zum Verzichten – fühlte sie sich verstanden und fand sie sich unterstützt durch jene mittelalterlichen frommen Männer und Frauen. Was sie unter Mystik verstand und nicht verstand, entnehmen wir, ohne uns unsererseits auf eine Erörterung des umstrittenen Begriffs einzulassen, aus solchen Bemerkungen: „Wahre Religion ist: keinen andern Willen haben als den Willen Gottes". „Christus selber war der erste wahre Mystiker: Meine Speise ist, daß ich tue den Willen des, der mich gesandt hat, und vollende sein Werk." Also ist es völlig klar, daß sie nicht den selbstgenügsamen Genuß ruhiger Beschaulichkeit, sondern die Quelle der Kraft zum Tragen wie zum Wirken sucht. Aber eben der Mittelweg zwischen der Ungeduld des Aktivisten und der Gelassenheit des Quietisten fiel ihr schwer. Als Vorwort über die beabsichtigte Auswahl aus den Schriften der Mystiker gedenkt sie den Satz zu stellen: „Es mag seltsam scheinen, ein Buch mit dem Satz zu beginnen: Dieses Buch ist nicht für jedermann, der Zeit hat, es zu lesen. Aber die Meinung ist die: Dieser Lesestoff ist gut nur als Vorbereitung zum Wirken. Wenn das Lesen nicht dazu dient, zum Leben und Wirken anzufeuern, dann ist es verderblich." – Und daß sie mit bewußter Klarheit den Irrweg besonderer Offenbarungen vermied, sehen wir deutlich, wenn sie einer Freundin schreibt: „Verlaß Dich nicht auf ‚Licht‘ in irgendeinem Sinn des mystischen Weges. Es gibt Dinge – das weiß ich aus Erfahrung –, in denen Gott uns Licht sendet durch den harten gesunden Menschenverstand von andern, nicht dadurch, daß wir in Krankheit und Einsamkeit einen Gedanken oder besserem Gefühl immer und immer bei uns selber wiederholen – das bringt vielmehr Dunkelheit!" So konnte sie in Wirklichkeit gar keine Trennungslinie ziehen zwischen ihrem religiösen und ihrem weltlichen Leben: Ihre Religion war ihr Werk und ihr Werk war ihre Religion. Aus Katharina von Siena merkt sie sich den Satz an: „Die Wahl eines Bischofs kann eine höchst weltliche Sache sein. Und die Wahl eines Abgeordneten kann eine höchst fromme Sache sein. Es ist nicht die Einleitung durch ein öffentliches Gebet, was eine solche Wahl zu einem religiösen Akt machen kann. Sie ist religiös, sofern jeder seinen Teil dazu gibt als eine Pflicht und eine heilige Verantwortung. Die Frage ist nicht, ob etwas getan wird für den Staat oder für die Kirche, sondern ob es getan wird mit Gott oder ohne Gott." Aber darum kann sie auch in den ganz weltlichen Fragen ihres Dienstes jederzeit ihr Anliegen Gott vorbringen: „O Herr, ich bringe ihn dir dar" – wir möchten wohl wissen, was für ein unbequemer Minister oder Bürokrat hier gemeint ist – „er ist so schwer. Nimm du dich

seiner an. Ich kann's nicht." So schreibt dieselbe in ihre stillen Hefte, die der theoreti-
schen Ansicht ist, daß die Bitte kaum eine
Stelle in einem rechten Gebet habe, wie auch
die Mystiker im Gebet nicht das suchen, was
der Mensch von Gott will, sondern was Gott
vom Menschen will. Aber daneben immer
wieder das Bekenntnis der Ungeduld: „O
Herr, noch immer versuche ich, dir die Regierung deiner Welt aus deiner Hand zu schlagen!"

Es seien hier einige Andeutungen von Florence Nightingales Versuchen einer geschlossenen Weltanschauung gegeben. Der Grund-
begriff, auf den sie ihre philosophische Besinnung aufbaut, ist der des Gesetzes. Wohin
wir schauen in der Welt, die uns gegeben ist –
in der Welt der Körper nicht nur, sondern
auch in der Welt der Seelen und der Geister –,
überall begegnen wir Gesetzen oder Ordnungen. Sie sind uns Zeichen eines universalen
Gesetzes oder Planes, und dieser weist auf
den Schöpfer, der ihn gewollt hat. Zwar nicht
das Wesen Gottes – dieses ist und bleibt un-
ergründliches Geheimnis –, aber doch sein in
die Erscheinung tretender „Charakter", d. h.

wohl seine Art zu wirken und sich zu offenbaren, kann bezeichnet werden als das umfassende Weltgesetz, die universale Ordnung.
Dieses Gesetz, mißverständlich vielfach Notwendigkeit genannt, macht nicht etwa den
freien Willen des Menschen unmöglich; im
Gegenteil, es ist die einzig denkbare Voraussetzung dafür, daß wir einen freien Willen haben, d. h. daß wir tun können, was wir als
recht erkannt haben. Wäre in Gott Willkür,
wäre auf ihn und sein Tun kein Verlaß, so wäre keine Ordnung in der Welt, dann gäbe es
auch keine Möglichkeit sinnvollen Handelns
für den Menschen. Von hier aus werden Be-
griffe wie Gebetserhörung, Wunder, Gnade
zu ernsten Problemen. Florence hat sie nicht
gelöst; wir haben gesehen, daß sie das Bitt-
gebet nicht entbehren konnte. Und was ist
es mit dem Übel, das in der von dem das
Gute wollenden Gott geschaffenen Welt eine
so wichtige Stelle hat? Florence Nightingale
scheut sich nicht zu sagen, daß für die ober-
flächliche Betrachtung der Welt das für diese
verantwortliche Wesen schlechter erscheint
als irgendein menschlicher Charakter, den wir
uns denken können. Aber sie kommt durch

tieferes Eindringen zu der Erkenntnis, daß das Übel – und die Sünde – der einzige Weg ist, auf der der Vollkommene seine Welt der Vollkommenheit zuführen kann, die sein Ziel ist. Auch das Kreuz und Christus den Gekreuzigten kann sie verstehen als die Offenbarung von Gottes Güte: als den Weg, auf dem Gott die Rettung der Welt schaffen kann, ohne sich selbst zu widersprechen.

Dem Menschen ist die Aufgabe gestellt, die Gesetze des Lebens, d. h. die Gesetze Gottes zu erforschen. Es wird deutlich, wie gerade auch die Statistik, welche die Gesetze des Geschehens zu erfassen sucht, unter die religiöse Beleuchtung treten kann. Die Bemühung um Ergründung der Ursachen von Übel und Unglück aller Art ist rechter gottgewollter Gottesdienst, durchaus zusammenfallend mit dem Dienst an den Menschen. Daraus ergibt sich der Maßstab für die Beurteilung verschiedener Arten von Frömmigkeit, von Richtungen und Kirchen: Nur an den Früchten sind sie zu erkennen. Unmißverständlich deutlich wird Florence Nightingale immer, wenn sie Beispiele aus dem Leben gibt, und fast immer sehen wir dann auch den Zusammenhang ihrer Gedanken mit ihrem Werk, in dem eben ihre Philosophie und ihre Religion ihre Verkörperung gefunden hat. Z. B.: Ein Kranker betet um Schlaf; aber was Gott will, ist, daß jemand da ist, der weiß, welches Mittel dem Leidenden zu seinem Schlaf helfen kann. – Was hilft es, um Rettung von der Pest zu bitten, solange man die Abwässer ungehindert in den Fluß laufen läßt? – „Ist es vielleicht in irgendeinem Sinne etwas Höheres, wenn man an seine eigene Seligkeit denkt, als wenn einem sein eigenes Mittagessen wichtig ist?"

Gerade solche Proben zeigen auch immer wieder deutlich genug, wo Florence Nightingale ihre Stärke und ihren Beruf hatte. Nur durch den Blick darauf sind ihre philosophischen und religiösen Gedankengänge vor dem Mißverständnis geschützt. So werden wir es kaum zu bedauern haben, daß kein großes philosophisch-religiöses Werk aus ihrer Feder der breiten Öffentlichkeit vorgelegt worden ist. Ihr Freund Jowett wird wohl den richtigen Blick gehabt haben, wenn er der Veröffentlichung in der vorliegenden Gestalt widerriet. Aber zum Gesamtbilde der vielseitigen Frau gehört notwendig auch dieser Zug: Sie hat zeitlebens das Bedürfnis gehabt, sich denkend Rechenschaft zu geben über das, was ihrem Leben Richtung und Inhalt gab. Aber auch für ihr Glaubensbekenntnis wie für jedes andere muß es gelten: „An ihren Früchten sollt ihr sie erkennen!"

Die Nightingale-Schule.

Im Juni 1871 wurde das neue St. Thomas-Hospital in Gegenwart der Königin feierlich eröffnet. Florence hatte den Gedanken aufgegeben, sich als Kranke hier aufnehmen zu lassen. Aber damit machte sie ernst, daß ihr Spital mit ihrer Schule, die es beherbergte, von nun an im Vordergrund ihrer Interessen stehen sollte. Sie hat das Kunststück fertiggebracht, Schule und Schwesternschaft vom Krankenzimmer aus zu leiten.

Es ist in all den Jahren nur ein- oder zweimal vorgekommen, daß die Frau Oberin in der Mitte ihrer „Kinder" erscheinen konnte. Aber sie hat Mittel und Wege gefunden, die auch ohne persönliche Gegenwart zum Ziele führten. Sie besorgte die Auslese unter den Bewerberinnen mit dem scharfen Blicke eines Detektivs, wie sie selbst scherzend sagt; sie stellte die rechte Person an den rechten Platz, sie war mit ihren in ebenso tiefem wie umfassendem Sinn seelsorgerlichen Briefen überall zur Stelle, wo Rat und Trost, aber auch Mahnung und Zurechtweisung vonnöten war. Aber sie vergaß auch nichts, was zum leiblichen Gedeihen ihrer „Kinder" beitragen konnte.

Die beginnenden 80er Jahre brachten für Florence Nightingale zwei große Ereignisse: Sie begegnete einem der edelsten Männer der Zeit, und sie durfte sehen, wie ihre Nightingale-Schwestern auf einem Kriegsschauplatz würdig in ihre Fußstapfen traten.

Eine Verwandte von General Gordon, die als Offiziersgattin in Militärspitälern tätig gewesen war, hatte von der Unzulänglichkeit der Wärter einen peinlichen Eindruck bekommen. Sie wandte sich an ihren Vetter: er solle zu Miß Nightingale gehen – wohin konnte man auch sonst in solcher Sache gehen? Es ist selbstverständlich, daß Florence sich mit gewohntem Eifer der Sache widmete, aber wichtiger ist uns, daß diese beiden Menschenfreunde sich begegneten. Sie verstanden sich unmittelbar. Ein paar Sätze aus Gordons Brief genügen, um das zu zeigen. „In diesen Tagen, da so viel geredet wird von

Englands Weltgeltung usw. usw., werde ich eine bittere Empfindung nicht los, wenn ich bedenke, wie wenig wir uns kümmern um die, die nahe sind, und wie wir behaupten uns zu kümmern um die, die ferne sind. — Mir ist es erschütternd, wie große Leute, die alle Macht haben, diese kleinen Mängel abzustellen, die sich brüsten mit dem Gewicht unseres Namens, Jahr um Jahr achtlos an den Kranken und Unglücklichen vorübergehen können. Ich spreche aus Erfahrung, wenn ich sage, daß ich in China wie im Sudan die Herzen meiner Soldaten (die alles für mich tun würden) nicht gewonnen habe durch meine Gerechtigkeit und dergleichen, sondern dadurch, daß ich nach ihnen sah, wenn sie krank und verwundet waren, und durch unablässige Besuche in den Spitälern." Die beiden trafen sich nur einmal persönlich, aber Gordon konnte schreiben: „Ich sehe Sie täglich im Geist." Im August 1884 wurde eine Hilfstruppe zu Gordons Entsatz nach Ägypten geschickt. Sie kam zu seiner Rettung zu spät. Aber für Florence war es auch etwas Großes, daß ihre Schwestern dort helfen durften. Es war für sie ergreifend, daß in Wadi Halfa, wo

sie vor 34 Jahren das Elend der Fellachen gesehen hatte, nun ausgebildete Schwestern
pflegten. Hören wir einiges aus einem Bericht
von einer ihrer Besten – sie hatte ihr einst den
Namen ‚Göttin‘ beigelegt. Über den Abschiedsbesuch vor der Ausreise: „Bedenken
Sie“, so sagte sie, „wenn Sie weit weg sind im
Binnenland, vielleicht die einzige englische
Frau dort, daß diese Männer jegliche Äußerung von Ihnen auffassen und festhalten,
nicht bloß von Ihnen als Schwester, sondern
als Frau. Ihre Lebensführung wird für sie sein
wie die Ringe, die ein Kiesel hervorruft, der
in einen Teich geworfen wird – sie reichen
fernhin, reichen weit hinaus – Wellenring um
Wellenring Ihrem Griff entzogen, aber festgehalten, eher noch mit Vergrößerung, von
diesen Soldaten, die hilflos in ihren Schmerzen liegen. Sehen Sie darauf, daß jedes Wort
und all Ihr Tun Ihrem Berufe und Ihrer weiblichen Würde angemessen sei. – Und nun
nehme Sie Gott in seinen Schutz und mache
Sie dessen würdig, daß er Ihnen unsere Soldaten anvertraut.“ – Dann wird sie noch zum
Frühstück bei der Oberin eingeladen – mit
Kaffee, Röstschnitten, Eiern und Honig –

„ein richtiges englisches Frühstück, liebes Kind", sagte sie, „und es ist gut, daß ich weiß, Sie werden das nächste, das Sie in England einnehmen, in Ehren verdient haben." — „Und gesetzt den Fall, ich komme überhaupt nicht wieder, um noch eins einzunehmen?" fragte ich. „Gut! Dann werden Sie das auch verdient haben, liebes Herz", erwiderte sie ruhig. Wen kann es überraschen, daß wir unsere Oberin anbeteten? — Andere Schwestern reisten in demselben Schiffe aus wie ich, und als wir in unsere Koje kamen, fanden wir einen Blumenstrauß für jede mit der Aufschrift: Abschiedsgruß von Florence Nightingale." Nicht weniger bezeichnend für die Art, wie Florence mit ihren „Kindern" stand, als dieser Abschied, ist auch der Empfang in der Heimat nach Ende des Feldzugs: Während die Schwester im Hafen von Southampton noch mit der Abfertigung von Verwundeten beschäftigt ist, wird ihr schon eine Drahtnachricht ausgehändigt: „Bin in Claydon (bei der Schwester Verney) — Putzfrauen und Maler herrschen in Southstreet 10, aber zwei Zimmer, Frau N. und ein warmer Willkomm erwarten Sie dort. Machen Sie davon Gebrauch, solang es beliebt." Am nächsten Tag kommt dann ein Brief. — „Solch ein Heimatgruß! Das lohnte schon all die Hitze eines grellen Sudansommers, allen Wassermangel, alle Insektenplage und alle die hundert und ein unangenehmen Dinge, die dem Fleisch lästig werden unter solchen Umständen — wenn man so einen Willkommbrief bekam. Er schloß so: ‚Machen Sie Southstreet zu Ihrem Hauptquartier, bis Ihre ganze Arbeit beendet ist, und dann kommen Sie zu mir nach Claydon.‘ So kam ich nach zwei Wochen Arbeit in London nach Claydon, und dort, während eines Monats der Ruhe in einem der schönsten englischen Landhäuser lernte ich Miß Nightingale kennen und verstehen, lernte erfahren, was Freundschaft von einem Charakter wie dem ihrigen bedeutet."

Sie selbst lebte ihre Tage von Skutari und Krim wieder durch in dem Erleben und Wirken ihrer Zöglinge auf dem fernen Kriegsschauplatz. Briefe in fast unbegreiflicher Zahl gingen aus der Krankenstube an die Front. An eine einzige Schwester sind allein 65 während des ägyptischen Feldzugs vorhanden. Und wie glücklich und stolz war sie, wenn sie einen Brief bekam mit einer Schilderung aus dem Spital der Zitadelle von Kairo: „Ich habe jetzt Nachtdienst, und ich tue ihn gar nicht ungern. In der Tat, ich freue mich, wenn ich an diesem verzauberten alten Fleck ganz mutterseelenallein herumgehe in der feierlichen Stille der Nacht! Und dann und wann höre ich eine leise Stimme sagen: Schwester, wollten Sie so gut sein, das und das. Schwester, können Sie mir etwas geben für mein Kopfweh usw. usw., und dann wieder füttere ich zur festgesetzten Stunde die hungrigen Typhuskranken, die der Reihe nach ihren Mund aufsperren wie kleine Vögel!“ Solch einen Brief ließ sie wohl bei früheren Schülerinnen daheim herumgehen. Wie beneideten diese so eine Glückliche! „Sie darf eine Arbeit tun wie die Oberin in Skutari!“ – wieder eine „Dame mit der Lampe!“ Freilich sie selber quälte sich dabei mit dem Gefühl des einsamen Zurückgelassenseins einer Unbrauchbaren. Auch so manche schmerzliche Todesfälle fielen in diese Jahre: „Heute“, so schrieb sie am Christtag 1885, „laß mich Dir dies arme verfallende alte Weib übergeben. Siehe, ich bin des Herrn Magd. Ich war Deine Magd als

Mädchen. Wie bin ich abtrünnig geworden!" –
So wenig durfte sie, die so vielen Großes gegeben, selbst die Befriedigung wohlvollbrach-
ten Werkes genießen.

Von den Gefahren, die das erfolgreiche
Wachsen einer Bewegung mit sich bringt,
konnte auch die Sache der Krankenpflege
nicht verschont bleiben. Florence Nightingale sprach in einem Vorwort zu einer Geschichte der organisierten Gemeindekranken-
pflege aus der Feder des früher erwähnten W.
Rathbone die Warnung aus: „Die Zeitströ-
mung geht jetzt dahin, aus der Krankenpflege eine Formel, eine Schablone zu machen.
Nun kann aber nichts in der Welt sich weniger einer Schablone fügen als die Krankenpflege. Krankenpflege hat es mit lebendigen
Körpern und Seelen zu tun. Sie muß mitfüh-
lend sein. Sie kann nicht beurteilt werden
durch öffentliche Prüfungen, wohl aber
durch andauernde Überwachung." Das Jubel-
jahr der Königin 1887, das auch ein solches
für Florence war – das Jahr 1837 betrachtete
sie als das Jahr ihrer Berufung –, brachte der
Sache, die ihr Lebenswerk war, nicht unbe-
trächtliche Förderung. Sie selber blickte mit

Besorgnis auf die Sonne der königlichen Gunst. „Des Königs Fahnen geh'n voran!" – so zitiert sie mit dem alten Hymnus. „Ja, aber welches Königs?" „Wir kommen in die Mode, wir müssen auf unserer Hut sein. Die Krone lächelt uns zu, wir brauchen einen Schutz." Im Jahre 1886 tauchte in den Kreisen der Krankenhäuser der Plan auf, ein Gesamtregister der zugelassenen Krankenschwestern herzustellen. Die im Jahre 1887 gegründete Britische Pflegerinnengenossenschaft nahm diesen Gedanken der Registrierung auf. Die Ausbildungsschulen für Krankenpflegerinnen lehnten ihn im allgemeinen ab; doch waren die Meinungen sowohl unter den führenden Ärzten als unter den Leiterinnen der Krankenhäuser geteilt. Florence war eine leidenschaftliche Gegnerin dieses Planes und der ganzen Geistesrichtung, die sie hinter ihm vermutete. Es handelte sich hauptsächlich um die folgenden Punkte: Alle Pflegerinnen Großbritanniens sind zusammengefaßt als Angehörige eines anerkannten Berufs. Ihre Eintragung in das Register gibt den Ärzten die Sicherheit ihrer vollständigen Ausbildung. Sie schließen sich zu gegenseitiger Unterstützung in allen beruflichen Angelegenheiten zusammen. Angestrebt wird die Erlangung der Körperschaftsrechte. Florence Nightingale sah an dieser Einrichtung nicht die dadurch erstrebte Sicherung gegen Betrügerinnen. Wer ist denn zu schützen? Doch nicht die Krankenhäuser. Die haben schon Mittel und Wege sich zu sichern. Wohl aber bedarf das Publikum des Schutzes gegen ungeeignete Pflegerinnen, die sich anbieten. Aber für dieses ist gerade die Registrierung eine Gefahr. Was ist damit gewährleistet, daß eine Pflegerin ins Register aufgenommen ist? Doch nur das, daß sie in einem gewissen Zeitpunkt den Anforderungen genügt hatte. Der konnte schon recht weit zurückliegen, und wie sie sich in der Zwischenzeit gehalten hat, darüber gibt das Register keine Auskunft. Darum sah Florence in dem Register viel eher ein Mittel, den Pflegerinnenberuf herunterzudrücken als zu heben. Die Statistikerin hatte auch bald festgestellt, daß die privaten Listen, welche die Krankenhäuser von ihren tüchtigen Kräften führten, durchaus nicht mit dem vorläufig aufgestellten Generalregister übereinstimmten: Sie nahmen nur zwei

Drittel oder gar nur ein Drittel von den dort Aufgeführten als wirklich voll empfohlen auf. Es ist hier nicht der Ort, den ‚Pflegerinnenkrieg‘, der sich durch sieben Jahre hinzog, im einzelnen zu verfolgen. Er endete zunächst mit einem Vergleich, bei dem beide Gegner etwas nachgaben, und es war auf die Dauer nicht möglich, dem zu widerstehen, was eben in der Zeit lag. Uns ist wichtig, wie Florence die Frage sieht, wie sie hier wie immer um die Reinheit ihres Lebenswerkes kämpft. 1892 schreibt sie an Jowett: „Es gibt einen Scheidepunkt in dem Leben aller sozialen Bewegungen, man mag sie zurechtschneiden wie man will; da kommt auf der einen Seite der Geist der Liebhaberei und der Äußerlichkeit, der Berechtigungs- und Eintragungsgeist herein und auf der andern der Handelsgeist oder der Kauf- und Verkaufgeist. Das ist in dem Falle der Krankenpflege im Lauf von etwa 30 Jahren gekommen, denn die Krankenpflege ist vor ungefähr 30 Jahren geboren. Die gegenwärtige Prüfung heißt nicht Verfolgung sondern Mode, und die bringt alle Arten von Liebhaberzusatz in die Masse, sie bringt Leben in der Öffentlichkeit statt des verborgenen Lebens einer Berufung, sie bringt Eintragung statt Ausbildung. Auf der anderen Seite ist ein ausgesprochen kaufmännischer Geist hereingekommen: ein in die Höhe schrauben der Entlohnung, unter Mißachtung der selbstverständlichen Wahrheit, daß die Krankenpflege aus dem Tiefstand, in dem sie sich befand, emporgehoben worden ist ebensosehr wie durch die Ausbildung dadurch, daß das Krankenhaus, das Armenhausspital, die Stadtwohnung zu Wirkungsstätten von Schutzwachen der Sittlichkeit und Gesundheit gemacht worden sind, von denen ein Gefühl der Pflichterfüllung und eine Liebe zum Beruf ausging." Eine ganz besondere Gefahr sah Florence darin, daß durch die Eintragung in das Register der Antrieb zu dauerndem Fortschreiten gelähmt werden kann: „Kein Wesen kann von Dauer sein, das nicht in fortschreitender Bewegung ist." Doch war Florence trotz aller tiefbegründeten Bedenken nicht so unbelehrbar, nicht zu sehen, daß auch in der Forderung der Gegner etwas Berechtigtes steckte. „In 40 Jahren mag solch eine Einrichtung nicht mehr widersinnig sein, vorausgesetzt, daß die Zwischenzeit sorgfältig und er-

folgreich zur Hebung des Durchschnitts ausgenützt wird, das heißt dazu, daß alle Pflegerinnen mindestens auf die Höhe der bestaus-
gebildeten Schwestern von heute gebracht,
und daß die Ausbildungsschulen in gleicher
Weise gehoben werden." Aber eben damit
dies Ziel erreicht werde, schien es ihr nötig,
vorerst vor der voreiligen Durchführung des
Registrierungsgedankens zu warnen. Ihr ging
es wirklich um einen Unterschied in der Auf-
fassung, der ganz in die Tiefe reicht. „Eine
neue Kunst und eine neue Wissenschaft ist
im Verlauf von 50 Jahren geschaffen worden,
und damit ein neuer Erwerbszweig – so sagen
sie; wir sagen: ein neuer Beruf." Hier ist das
Wort Beruf in seinem ursprünglichen Voll-
sinn gemeint, der uns vielfach nicht mehr bewußt ist, der der nach dem sichtbaren Ertrag
trachtenden modernen Zeit verloren zu gehen droht – in dem Sinn, da der Beruf einen
Gegensatz bildet zu dem, was man Professi-
on nennt: Ausübung eines Geschäfts, das
man gelernt hat, in dem man eine Prüfung
abgelegt hat und das nun seinen Mann ernährt. Im letzten Grund sieht Florence hier
eine Frage der Religion. Sie spricht sich ihrem

Freunde Jowett gegenüber aus über die Notwendigkeit äußerer Formen für das religiöse
Leben und sagt dazu: „Sie sagen, mystische
oder geistige Religion genügt für die meisten
Menschen nicht ohne äußere Form. Ich kann
sagen, ich kann mir keine Zeit denken, wo
das nicht die Frage meines Lebens war. Nicht
so sehr für mich selbst als für andere. Für
mich selbst war und ist genug die mystische
oder geistige Religion, wie sie im Johannes-
evangelium vorliegt, so unvollkommen ich ihr
auch nachgelebt habe. Aber die zwei Gedanken, die Gott mir mein ganzes Leben lang gegeben hat, sind gewesen: erstens, die mystische Religion in die Formen anderer Menschen zu gießen (wobei ich immer dachte, sie
werden dieselbe viel besser vertreten als ich),
insbesondere für Frauen, um sie zu den Mäg-
den des Herrn zu machen. Zweitens, ihnen
eine Ordnung zu geben für ihre Tätigkeit, in
der sie dazu herangebildet werden könnten,
die Mägde des Herrn zu werden. Die Krankenpflege ist vor 30 Jahren die Organisation
gewesen, mit der wir beginnen mußten, um
anständige Frauen anzuziehen und religiösen Frauen eine Form für ihre Tätigkeit zu

geben. – Als ich vor vielen Jahren meine Zu-
kunftspläne machte, ging es mir nicht um ein
Krankenhaus, sondern um eine Religion." –
Welche Frau, die irgendeine Art von Pflege
lernt, und welcher Leiter, welche Vorsteherin
irgendeines Krankenhauses oder einer Schwesternschaft hätte nicht an dieser hohen Be-
rufsauffassung zu lernen?

Solange ihr Kräfte des Geistes und des
Herzens blieben, hat Florence Nightingale
für die Sache der Krankenpflege gewirkt auf
allerlei Weise. Der Burenkrieg rief die Soldatenmutter wieder auf den Plan – wenn auch
nur eben mit ihrem warmen Herzen und ihrem guten Rat – um die Aussendung von
Schwestern nach Südafrika konnte sie sich
nicht mehr kümmern. Wir dürfen wohl auch
sagen: Es war nicht mehr nötig – sie hatte dafür gesorgt, daß ihre Schülerinnen ihren Platz
ausfüllen konnten. Über die schwere Frage
des Krieges schreibt sie im Oktober 1899:
„London ist voll von Gerüchten über einen
Krieg mit den Buren. Ich kann nicht sagen,
daß diese Gerüchte furchtbar in meine Ohren
klingen. Wenige Männer und noch weniger
Frauen haben so viel von den Schrecken des

Krieges gesehen wie ich. Doch kann ich nicht sagen, daß der Krieg mir lediglich als ein Übel erscheine. Der Soldat im Krieg ist ein Mann: hingegeben an seine Pflicht, sein Leben gebend für seinen Kameraden, sein Vaterland, seinen Gott. Ich kann es nicht leiden, wenn man sagen wollte: Vergleiche ihn mit dem Soldaten im Frieden in den Kasernen! Denn dann würde es heißen: Du willst also immer Krieg haben? Wohl, ich habe nichts zu tun mit der Entscheidung über Krieg und Frieden. Ich kann bloß sagen: Man muß den Mann im Krieg sehen, um zu wissen, wozu er fähig ist. Wenn du an einer Kaserne vorbeikommst, wirst du an jedem Fenster zwei Köpfe heraushängen sehen. Und das einzige Geschöpf, das etwas tut, ist der Hund, der seiner Gattin mit ihren Sprößlingen Lebensmittel zuträgt. Was folgt daraus: Gib dem Soldaten eine Beschäftigung!" Also nicht in eine Verherrlichung des Krieges läuft die Betrachtung aus, sondern in die von Florence längst mit Nachdruck vertretene Forderung der Hebung des Lebens in der Kaserne.

Noch immer nahm der Briefwechsel mit den Töchtern in aller Welt einen breiten

Raum ein. Florence hatte, wenn sie ihre Schar überblickte, viel Grund zur Dankbarkeit. Freilich, nicht alles, was sie von ihnen hörte, war ungetrübte Freude. Etwas, das sie schwer ertragen konnte, war, wenn eine Schwester, auf die sie besondere Stücke hielt, oder gar eine Schülerin in wichtiger leitender Stellung sich verlobte. Da bestand die Gefahr, daß gerade die am meisten Geschätzten in Ungnade fielen. Sie hatte für diesen schwierigen Fall ein Wort ihres Freundes Clough: „Personen, die in solcher Lage sind, muß man behandeln, wie wenn sie das Scharlachfieber hätten." Von Buenos Aires wollte sie ihre Hand zurückziehen – warum? „Von der letzten Abteilung, die dorthin ausgeschickt wurde, haben alle innerhalb Jahresfrist geheiratet. Was nützt es, noch weitere auszusenden?" Aber auch diese Dinge lernte sie im Alter milder beurteilen. Sie konnte einem Kinde recht von Herzen Glück zur Hochzeit wünschen, sie konnte einer alten Freundin aufrichtig vergeben, deren Heirat sie einst als Fahnenflucht gebrandmarkt hatte. „Wisse", schreibt sie etwa in ihr Tagebuch, „Gott ist nicht mein Privatsekretär." Aber an dem hohen Ideal, das sie von der pflegenden Schwester in sich trug, läßt sie sich nichts abdingen. Im Jahre 1898, nach einer Reihe von Besprechungen mit Schwestern und unter dem Eindruck von empfangenen Briefen schrieb sie einige Skizzen von Schwesterntypen nieder. „Wer sind die ‚dienenden Engel'? Nicht die, welche umhergehen und Blumen streuen: Jedes unartige Kind würde das auch gerne tun, ja auch jeder Spitzbube. Die Engel sind die, welche wie das Kindermädchen oder die Stallmagd oder der Gassenkehrer ekelhafte Arbeit tun: Feinde der Gesundheit oder Hindernisse der Genesung wegräumen, Töpfe leeren, Kranke waschen usw. – lauter Dinge, für die sie keinen Dank empfangen. Sie sind die Engel. Sie sprechen freundlich zu und geben Liebe. Die derbe Wärterin, die weint, als wollte ihr das Herz brechen, die das Gesicht in die Schürze vergräbt, weil ein armes kleines launisches Ding tot ist, das ihr nie etwas anderes als Mühe gemacht hat – die ist ein Engel. Aber die Schwester, die kühlen Herzens durch den Saal schreitet und notiert, wie viele Kinder tot sind, die bei der letzten Runde noch lebten, die ist keineswegs ein Engel."

Ausgang.

Wer ein so hohes Alter erreicht wie Florence Nightingale, der erfährt reichlich den Schmerz, über Gräber vorwärts zu müssen. War sie in ihrem Zimmer seit langem einsam gewesen, nun schied eins ums andere aus den Reihen derer, mit denen sie Liebe, Arbeit, Gedanken geteilt und getauscht. „Man fühlt", so schreibt sie an Allerseelen 1896, „den Hingang von so vielen, die für die Welt wesentlich zu sein schienen. Ich habe jetzt niemand mehr, mit dem ich über die Geschiedenen sprechen könnte. Aber nur um so mehr bin ich begierig, Nachfolger zu sehen. Was bedeutet der Satz, daß das ängstliche Harren der Kreatur wartet auf die Offenbarung der Söhne – und Töchter – Gottes! Und ich bin dankbar für die vielen edlen Seelen, die ich kennengelernt habe."

Die Schwester Parthe, Lady Verney, war nach schwerem Leiden 1890 an Florences

Geburtstag gestorben. Von jetzt ab wurde Claydon der regelmäßige Landaufenthalt für die überlebende Schwester. Sie schloß sich noch mehr als bisher an ihren Schwager an, nahm lebhaften Anteil an den Menschen der Umgebung und fand, daß die Bemühungen um gesundheitliche Hebung des Landvolkes in England nicht weniger nötig seien als in Indien. 1894 starb auch Harry Verney. 1891 war der alte Dr. Sutherland geschieden, einige wenige Jahre, nachdem er sich vom Amt zurückgezogen hatte, der eigentliche amtliche Träger der Bestrebungen um die Gesundheit des Heeres daheim und in Indien. Kein Mann außer Sidney Herbert war so eng wie er mit Florences Lebensarbeit verbunden gewesen. – Er lag in äußerster Schwäche auf dem letzten Lager, kaum mehr fähig zu lesen oder zu sprechen. Da sagte ihm seine Frau, es sei ein Brief von Florence Nightingale für ihn gekommen. Zu ihrer Überraschung richtete er sich noch einmal auf, las den Brief durch und sagte: „Sag ihr meinen lieben Gruß und Segenswunsch!" Das waren fast die letzten Worte, die er sprach. Benjamin Jowett folgte 1892. Die liebe Tante Mai hatte in der Witweneinsamkeit nach Jahren der Entfremdung den Weg zu ihrer „lieben Flo" wiedergefunden; sie starb 91 jährig im Jahre 1889. Ihr Sohn, einst Florences „Bub", folgte der Mutter schon 1894.

So wurde sie daran gewöhnt, obgleich selbst immer wieder am Rande des Grabes, vielen nachzuschauen, welche vom Kampfplatz abtraten. Sie erlebte nach den Zeiten, in welchen das Übermaß der Arbeit mit den Anfällen der Krankheit im heißen Streite lag, auch noch Jahre, in denen eine wohltuende Ruhe nach dem Sturme eingetreten war. Die Schwäche des Herzens und der Nerven, unter der sie so unendlich gelitten hatte, glich sich in den höheren Jahren aus. Die Kraft der Leidenschaft verebbte, es kam mehr die Weichheit und Gelassenheit zum Vorschein. Sie konnte keine neue Lebensweise mehr beginnen, sie hat in den letzten 1½ Jahrzehnten ihres Lebens selten ihr Zimmer in Southstreet verlassen. Aber der Eindruck, den sie jetzt machte, war doch eher der einer kräftigen und rüstigen alten Frau. Jedenfalls dachte sie auch beim Abnehmen ihrer Kräfte an nichts anderes als an Arbeit und Tätigkeit, wenn nicht mehr hier, so drüben. Als ein junger Vetter mit Beziehung auf den Tod eines Verwandten meinte, nun sei er auf jeden Fall in seiner Ruhe, da setzte sie sich mit einem Ruck aus ihren Kissen auf und sagte mit ihrem ganzen Feuer: „O nein, ich bin sicher, es ist eine unbegrenzte Tätigkeit."

Ihre langjährige Gewohnheit, ausgedehnte Betrachtungen aller Art niederzuschreiben, immer in kräftiger, pünktlicher Handschrift, mußte Florence aufgeben, als ihr Sehvermögen nachließ. Schon 1887 bezeichnet sie sich als beinahe blind. Später kam dazu die Schwäche des Gedächtnisses. Von der Jahrhundertwende an hörte das Lesen und Schreiben so ziemlich auf. Man sah keine Bücher und Blätter mehr auf dem Bett. Sie lernte im Alter schätzen, was sie in der Jugend als Mißhandlung empfunden hatte: das Vorlesen. Insbesondere Lebensbeschreibungen hörte sie gern. Es bewährte sich an ihr selber, was sie einst geschrieben hatte: Die Kranken, die selbst nicht mehr zu handeln in der Lage sind, wollen etwas von kraftvollem und erfolgreichem Handeln anderer hören. Sonst legte sie nicht gerade Wert darauf, alle ihre

Regeln für Krankenbehandlung durch die eigene Tat zu bekräftigen – wie das ja auch bei den Ärzten nicht durchaus üblich sein soll. Z.B. wird berichtet, daß sie in ihren letzten Jahren dem früher so leidenschaftlich verkündigten Evangelium vom offenen Fenster keine Bedeutung mehr beigelegt habe. Und jedenfalls war sie kein bequemer Patient, wie sie nie ein bequemer Mitmensch gewesen war. Nicht als ob ihre Freundlichkeit und zarte Aufmerksamkeit sie verlassen hätte, im Gegenteil: Sie konnte nur schwer begreifen, daß sie es nun war, die der Pflege bedurfte. Wenn die Pflegerin sie für die Nacht zurechtgemacht und eingepackt hatte, dann konnte sie wohl einmal wieder aus dem Bett gehen, die Rollen vertauschen und ihrerseits die Pflegerin einpacken. Solange sie noch etwas von Kraft in sich spürte, war sie eben die pflegende Schwester und nichts anderes. Die Stimme blieb hell und kräftig, noch im hohen Alter trug sie gerne Stücke aus englischen, französischen und italienischen Dichtern vor, überraschte auch gelegentlich durch ein italienisches Lied – die Geister der Jugend wurden wieder lebendig im Altenstübchen.

Die höchsten Ehren der Welt kamen noch in das stille Zimmer der einst so berühmten Frau, deren bekanntgewordenes Lebenswerk so sehr schon der Geschichte angehörte, daß die Zeitgenossen gar nicht daran dachten, daß sie noch unter den Lebenden sein könnte. Für sie selber kamen die Ehrungen zu spät. Der König sandte ihr im Jahre 1907 den 1902 gestifteten Verdienstorden, der für hervorragende Leistungen in Krieg, Wissenschaft, Literatur und Kunst verliehen wurde. Florence Nightingale ist die einzige Frau, die in diese erlauchte Gesellschaft aufgenommen worden ist. Sie verstand aber wohl kaum mehr, daß ihr eine Ehre erwiesen werden sollte. „Zu freundlich, zu freundlich!" – das war alles, was sie dazu sagen konnte. Im folgenden Jahr kam noch das Ehrenbürgerrecht der City von London, das zweite Mal, daß es einer Frau verliehen wurde. Sie konnte mit Mühe die Anfangsbuchstaben ihres Namens auf die Urkunde setzen, aber es war zweifelhaft, ob sie begriff, wozu sie ihren Namen hergab. Hatten diese Dinge keine Bedeutung mehr für die Frau, der sie galten, so machten sie ihren Namen und damit die Sache, der ihr Leben gehörte, noch einmal in der weiten Welt genannt und bekannt. Die Frauen Japans hatten schon zum 80. Geburtstag ein Glückwunschschreiben gesandt, in welchem von über 1.500 ausgebildeten Pflegerinnen des dortigen Roten Kreuzes die Rede ist. Zu der Ordensauszeichnung kamen Glückwünsche von der Geburtsstadt Florenz. Die ganze englische Welt mit Amerika feierte aufs neue ihre Heldin wie einst nach dem Krimkrieg. Die Nachtigallenpoesie und -industrie lebte noch einmal auf. Florencen aus der ganzen Welt schrieben Glückwunschbriefe an ihre Namensheilige, und in den Schulen wurde der Geburtstagsbrief an Florence Nightingale eine beliebte Aufgabe für die Aufsatzstunde. Auch Veteranen von der Krim frischten ihre Erinnerungen auf an die verehrte Dame, mit der sie einst zusammen gedient hatten. Im Juni 1907 tagte eine internationale Konferenz des Roten Kreuzes in London, auf welcher des Namens Nightingale mit einzigartiger Ehrung gedacht wurde. Eine Versammlung in New York zur 50-Jahr-Erinnerung an die Gründung der Nightingale-Schule im Jahre 1910 konnte von tausend Nightingale-Pflegerinnenschulen in den Vereinigten Staaten berichten. Das Senfkörnlein war aufgegangen und zum Baum geworden, in dessen Zweigen die Vögel des Himmels wohnten.

Die es gesät hatte, war irdischem Harm und irdischer Ehre schon entrückt. Sie konnte noch ein paar Besuche in der Woche empfangen. Aber weil sie nicht mehr sah und dem Gespräch nicht mehr sicher zu folgen vermochte, wußte sie oft nicht, wer bei ihr im Zimmer war. Auch auf längst verstorbene Freunde wartete sie gelegentlich, als sollten sie zur Türe hereinkommen. Noch immer waren es ihre „Kinder", „Nichten", Schwestern von St. Thomas, in deren Gegenwart sie am ehesten durch ein paar Fragen kundtat, daß sie noch teilnahm an dem, wovon sie berichteten. Still lehnte sie in ihren Kissen. Der Ausdruck des freundlichen Gesichts war meist, wie wenn sie im Innern mit glücklichen Gedanken beschäftigt wäre.

Was Benjamin Jowett auf Neujahr 1879 an seine Freundin geschrieben hatte, kann als eine Zusammenfassung ihres Lebenswerkes gelten: „Ich kann nur wünschen, daß Sie weitergehen mögen wie bisher auf Ihrem eigenen

Weg: menschliches Leiden lindernd und sprechend für die, welche mit ihrer Stimme nicht durchdringen, mit weniger Leiden für Sie selber – wenn das nicht eben, wie ich fürchte, eine notwendige Bedingung des Lebens ist, das Sie sich erwählt haben. Eine hohe Woge romantischer Begeisterung trug Sie vor 23 Jahren, als Sie aus der Krim heimkehrten. Ich glaube im Ernst, Sie hätten eine Herzogin werden können, wenn Sie Ihre Karten besser ausgenützt hätten! Und jetzt arbeiten Sie still weiter, und niemand weiß, wie viele Leben durch Ihre Schwestern in Krankenhäusern gerettet worden sind. – Sie haben eine neue Zeit in der Krankenpflege eröffnet. Wie viele tausend Soldaten, die gefallen wären als Opfer von schlechter Luft, schlechtem Wasser, schlechter Entwässerung und Lüftung, sind jetzt am Leben dank Ihrer Voraussicht und Sorgfalt! Wie viele Eingeborene in Indien (sie werden wahrscheinlich nach Hunderttausenden zählen) in diesem und in kommenden Geschlechtern sind gerettet worden von Hunger und Unterdrückung und Verschuldung durch die Tatkraft einer kranken Frau, die kaum von ihrem Bett aufstehen kann. Die

Welt weiß das alles nicht und denkt nicht daran. Aber ich weiß es und denke oft daran, und ich wünschte, daß Sie auch daran denken, damit Sie in den späteren Jahren Ihres Laufes sehen mögen, wie gesegnet Ihr Leben ist und gewesen ist. Gibt es etwas, das Sie anders tun könnten oder anders wünschten, als Sie es tun? – obgleich Sie überfordert sind und meinen erdrückt zu werden von der Last, die auf Ihnen liegt? Ich glaube, daß auch der romantische Schimmer, der auf der Vergangenheit liegt, sehr sein Gutes gehabt hat. Wissen Sie, daß es Tausende von Mädchen im Alter von 18 bis 23 Jahren gibt, die nach Ihnen genannt sind? Wie Sie einst zu mir gesagt haben: Die Welt ist nicht unfreundlich gewesen. Jedermann hat von Ihnen gehört und verbindet etwas Freundliches mit Ihrem Namen."

Ja, ein gesegnetes Leben; aber gegen das, was die Welt Glück nennt, hatte sie ein tiefes Mißtrauen. Im Gedanken an einen Freund, der, wie sie dachte, seine Hingebung an hohe Ziele im häuslichen Behagen verloren hatte, ruft sie aus: „O Glück, gleich der Frucht des Brotbaums, was bist du doch ein Verderber und Lähmer der menschlichen Natur!"

Das Ende kam friedlich, fast unmerklich. Am 13. August 1910 schlief sie um die Mittagszeit ein und erwachte nicht mehr. Sie hatte ihre Lebenszeit auf 90 Jahre und drei Monate gebracht.

Wo soll die Heldin von der Krim ihre Ruhestatt finden? Zwei geweihte Orte hat England, wo es seine großen Toten bestattet. In der Paulskathedrale ruhen die Helden des Schwertes, in der Westminsterabtei sammeln sich die großen Geister, von deren unvergänglichen Gaben die Nation zehrt. Gehört Florence Nightingale dorthin, wo ein Nelson und ein Wellington liegt? Gehört sie dahin, wo über dem Grabe des edlen John Wesley das schöne Wort steht: „Gott begräbt seine Werkleute, aber sein Werk führt er weiter"? – Sie hat sich selbst ihr Grab bestimmt auf dem stillen Dorfkirchhofe von East Wellow bei Embley, wo ihre Eltern ruhen. Noch einmal hat sie sich dem öffentlichen Dank der Nation entzogen wie einst, da sie vom Krieg heimkehrte. In der Stille hatte sie längst gelebt, gearbeitet, gelitten; in der Stille wollte sie auch den letzten Weg auf Erden gehen.

Einer letzten kriegerischen Ehrung ist sie darum doch nicht entgangen: 6 Unteroffiziere aus den Garderegimentern trugen ihren Sarg. Durch Londons laute Straßen zog sie fast als eine Unbekannte. Aber als der blumenbedeckte Sarg die sommerlich prangenden Pfade ihres Jugendparadieses entlanggetragen wurde, da standen die Landleute, Männer, Frauen und Kinder, still am Wege und schlossen sich dem Zuge an. Ihr letzter Wille, daß nur zwei Personen dem Sarge folgen sollten, ließ sich nicht durchführen. Da war auch einer, der die Verstorbene in ihren großen Tagen gekannt hatte, ein gebrechlicher alter Mann: In den Laufgräben vor Sebastopol hatte er mehr als eine Wunde empfangen und ein Auge verloren, drei Monate hatte er im Lazarett in Skutari gelegen. Er kannte „die Dame mit der Lampe"; er soll uns nun zum letztenmal schlicht und treu sagen, was wir so oft gehört: „Immer am Abend, wenn die Ärzte uns verlassen hatten, machte sie mit ihrer Lampe ihren Rundgang durch das Lazarett. Wir gaben uns Mühe, wach zu bleiben, um sie zu sehen. Führet mich an ihr Grab, daß ich des Himmels Lohn für sie erflehe."

Der Alte stand dort am Grabe als einer für viele: Wir sehen die Kriegskameraden zu Tausenden sich scharen um ihren rettenden Engel; wir sehen zu Hunderten die Schwestern hinzutreten, denen sie den Weg gewiesen zu wertvollem Dienst; und hinter ihnen steht ein dankbares Volk und grüßt seine treue Tochter, die ihr Leben nicht geachtet hat um der Brüder willen.

Wir grüßen sie auch über Land und Meer und hinüber übers Grab, bereit, an ihrem Beispiel zu lernen, was Gott aus einem schwachen Menschen machen kann, der nichts sein will als das gehorsame Werkzeug seines Willens.